한문 해석의 길잡이

한자의 쓰임

한문 해석의 길잡이

한자의 쓰임

김태수 엮음

머리말

　한문漢文은 언어言語라기보다 기록문記錄文이다. 수천 년 역사와 함께한 한문은 체계體系적인 문장규칙文章規則과 표현방식表現方式이 있다. 문장규칙은 시대에 따른 변화는 거의 없지만, 표현방식은 선호한 문장의 형식, 애용愛用한 글자, 강조하여 사용한 허사 등은 작가나 시대별로 특징이 나타나 있다. 또한 다양한 사유思惟를 표현하면서, 전주轉注와 가차假借의 활용은 한자의 뜻이 불어난 발전과정에서 가장 큰 역할을 하였다고 할 수 있다. 이 원리에 의해 하나의 글자에 여러 의미가 불어나며 일자다의一字多義의 현상이 나타나게 되었다. 지금은 이러한 글들을 통시대적通時代的으로 접하고 있기 때문에, 이에 나타난 다양한 한자의 쓰임을 이해하면 의미가 더욱 명확해질 것이다.

　한문은 고립어孤立語로 글자의 성분이 어순語順이나 문장의 전후관계, 곧 문맥文脈에 의해 좌우되며, 글자 자체의 변화는 일어나지 않는다. 어형語形의 변화나 접사接辭도 없으며, 명사의 단수와 복수, 대명사의 격 변화, 동사의 시제時制 등도 문맥을 통하여 알 수 있다. 또한 주어의 생략과 목적어 도치가 많으며, 명사가 술어 위치에 오면 술어가 되고, 명사가 술어 앞에 위치하면 부사어가 되며, 형용사가 서술어로 쓰이고, 형용사 뒤에 목적어가 오면 타동사가 되는 등 한글이나 영어와 다른 특징이 많다.

한문은 실사實辭와 허사虛辭가 서로 유기적有機的으로 결합하여 문장체계를 이루고 있다. 문장체계를 알기 위해서는 술어述語의 파악이 선결先決되어야 할 것이다. 술어를 중심으로 앞부분이 주어이고 뒷부분은 목적어나 보어가 된다. 주어와 술어는 주요성분, 목적어와 보어는 보충성분, 관형어와 부사어는 수식성분으로, 이는 모두 실사이다. 허사는 술어를 제외한 실사의 앞뒤에 위치하여 실사의 역할役割을 분명히 해 준다. 그 때문에 실사의 쓰임은 물론 허사의 역할을 이해하여야 문장체계와 의미를 정확하게 파악할 수 있을 것이다.

이 책은 이러한 점에 착안하여 70여 개의 한자를 선별하여, 실사와 허사의 대표적 쓰임을 이해하기 쉽게 분석 정리하였다. 예문例文은 중국과 한국의 문文·사史·철哲 한문 고전에서 가려 뽑았고, 예문은 중복을 피하려고 고심하였다. 되도록 많은 예문을 통해 이해하는 것이 바람직하지만, 대략 3개의 문장을 예로 들어 이해에 도움이 되도록 하였다.

이 책으로 한자의 쓰임 모두를 포괄包括하여 충족할 수는 없으나, 한문 해석의 큰 길잡이가 될 것이다. 아울러 이를 바탕으로 한자의 쓰임을 깨달음으로써 문장을 해독하는 능력을 향상시킴은 물론, 글에 담긴 선현들의 지혜를 통해서 오늘을 돌아보는 거울로 삼고자 하는 데 주안점을 두었다.

2023년 1월
시은재市隱齋 일우一隅에서
반송畔松 김태수金泰洙

목 차

1. 可(가)

① **옳다.**

☞ '가可'가 형용사로 쓰인 경우 서술과 수식의 용법으로 쓰인다.

有過不罪, 無功受賞, 雖亡, 不亦可乎. <韓非子>

잘못(과過)이 있어도 벌을 주지(죄罪) 않고, 공功이 없는데 상을 받는다면(수受), 비록(수雖) 망亡할지라도, 또한 옳지 않겠습니까.

上不冠, 望見黯, 避帷中, 使人可其奏. <漢書>

무제武帝는 관을 쓰지 않고 있다가, 급암汲黯을 바라보시고, 휘장(유帷) 안으로 피하며(피避), 사람을 시켜서(시使) 그가 아뢴 것(주奏)을 옳다 하셨다.

學問之道無他, 有不識, 執塗之人而問之, 可也. <北學議序>

학문學問하는 방법(도道)은 다른 것이 없고, 모르는 것이 있으면, 길(도塗)을 가는 사람을 잡고(집執)라도 묻는 것이 옳다.

② **좋다·괜찮다.**

朝聞道, 夕死可矣. <論語>

아침에 도道를 들으면, 저녁에 죽어도 좋다. *참된 이치를 깨달으면 당장 죽어도 여한이 없다는 뜻.

楚衆我寡, 奈何而可. <呂氏春秋>

초楚나라 군대는 많고(중衆) 우리는 적으니(과寡), 어찌하면(내하奈何) 좋겠습니까.

先生視可者, 得身事之. <史記>

선생께서 괜찮은 사람을 보여 주시면, 몸소(신身) 그를 섬길(사事)
수 있을 것이오.

③ ~할 수 있다·~할 만하다. 〈보조사/가능〉

☞ '가可'가 술어 앞에 위치하여 술어를 보조하는 보조사補助詞
로, 가능可能을 나타낸다.

水陸草木之花, 可愛者甚蕃. <愛蓮說>

물과 땅에 있는 풀과 나무의 꽃에는, 사랑할 만한 것이 매우(심
甚) 많다(번蕃).

勝敗兵家不可期, 包羞忍恥是男兒. <杜牧詩>

승패勝敗를 병가兵家도 기약期約할 수 없으니, 부끄러움(수羞) 안
고(포包) 치욕恥辱을 참는 것(인忍)이 남아男兒이다. *是(시)~이
다.<연계동사>

貧賤之交不可忘, 糟糠之妻不下堂. <呂氏春秋>

빈천貧賤할 때의 사귐은 잊을 수 없고, 조강지처糟糠之妻는 집(당
堂)을 나가게 해서는 안 된다. *糟糠之妻(조강지처)지게미와 쌀겨
로 끼니를 이어가며 고생을 같이한 아내.

④ 대략.

☞ '가可'가 수사 앞에 위치하여 대략의 수를 나타낸다.

飮可五六斗, 徑醉矣. <史記>

대략 대여섯 말(두斗)을 마셔야(음飮), 곧(경徑) 취醉한다.

大夏民多, **可**百餘萬. <史記>

대하大夏의 백성은 많아서, 대략 백여만 명이다.

有少女, 年**可**十四五, 坐于夫人之側. <周生傳>

어떤(유有) 소녀가, 나이는 대략 열네다섯 살쯤으로, 부인의 곁(측側)에(우于) 앉아 있었다.

2. 蓋(개·합)

① 덮다·가리다.

力拔山兮, 氣**蓋**世. <史記>

힘은 산을 뽑을(발拔) 만하고, 기개氣概는 세상을 덮었도다.

丈夫**蓋**棺, 事始定. <杜甫詩>

장부丈夫는 관棺을 덮어야, 일이 비로소(시始) 결정決定된다. *蓋棺事定(개관사정)사람은 죽고 난 뒤에라야 바르게 평가할 수 있다는 의미.

日月欲明, 而浮雲**蓋**之. <淮南子>

해와 달은 밝고자 하나, 뜬구름(부운浮雲)이 그것을 가린다. *군주는 총명하게 정사를 보려 하나 간신이 가로막고 있다는 의미.

② 뚜껑・덮게・일산.

孔子將行, 無蓋. <說苑>
공자孔子께서 출행하려고 할 때, 거개車蓋(수레 덮개)가 없었다.

勞不坐乘, 暑不張蓋. <史記>
수고로워도(로勞) 수레(승乘)에 앉지 않았고, 더워도(서暑) 일산日
傘을 펴지(장張) 않았다.

日初出, 大如車蓋, 及日中, 則如盤盂. <列子>
해가 처음 뜰 때는, 크기가 수레 덮개만 하다가, 해가 중천에 이
르면, 접시나 사발(반우盤盂)만 하다.

③ 대저. 〈부사/발어〉

☞ '개蓋'는 발어부사로 문두에 놓여 말하는 기세를 나타낸다.

蓋天下萬物之萌生, 靡不有死. <史記>
대저 천하의 만물은 싹(맹萌)이 나서, 죽음이 있지 않은 것이 없
다(미靡). *靡不(미불)~아닌 것이 없다.<이중 부정>

蓋文章經國之大業, 不朽之盛事. <典論>
무릇 문장文章은 나라를 다스리는(경經) 큰일이요, 썩지(후朽) 않
는 성대盛大한 일이다.

蓋明者遠見於未萌, 而智者避危於無形. <史記>
대저 총명聰明한 사람은 미맹未萌(아직 일이 일어나기 전)에서
도 멀리 보고, 지혜智慧로운 사람은 무형無形에서도 위험을 피
避한다.

④ 대개.

☞ '개蓋'는 부사로 술어 앞에 위치하여 술어를 수식한다.

蓋貨殖, 而不背於理, 則何鄙之有乎. <增補山林經濟>
대개 재산(화貨)을 불리되(식殖), 도리에 어긋나지(배背) 않는다면, 어찌 비루鄙陋함이 있겠는가.

人於其間, 所以爲貴, **蓋**以巧其語言, 又能傳於文字. <鳴蟬賦>
사람이 그 사이에서, 귀貴해진 까닭(소이所以)은, 대개 그 언어를 공교工巧롭게 하고, 또한 문자로 전할 수 있기 때문(이以)이다.

今之群臣, 罕能貞白卓異者, **蓋**求之不切, 勵之未精故也. <貞觀政要>
오늘날 신하들 중에, 능히 곧고 결백함이 뛰어난(탁이卓異) 자가 드묾(한罕)은, 대개 인재를 구함이 간절懇切하지 못하고, 이들을 격려激勵함이 정성精誠스럽지 못하기 때문(고故)이다. *한罕이 술어로 쓰이는 경우 보어를 취하며, 보어는 주어처럼 풀이한다.

⑤ 아마도.

孔子罕稱命, **蓋**難言之也. <史記>
공자는 운명을 드물게(한罕) 말씀하셨으니, 아마도 분명하게 말하기가 곤란困難하였기 때문일 것이다.

赤濤山立, 不見涯涘, **蓋**千里外暴雨也. <一夜九渡河記>
시뻘건 물결(도濤)이 산처럼(산山) 일어나, 물가(애사涯涘)가 보이지 않았는데, 아마도 천 리 밖에서 폭우가 내렸기 때문일 것이다.

送花三色者, **蓋**知新羅有三女王, 而然耶. <三國遺事>
세 가지 색깔의 꽃을 보낸(송送) 것은, 아마도 신라에 세 여왕女王이 있다는 것을 알고서, 그런 것일까(야耶).

⑥ 어찌 · 어떻게. (합)

善哉. 技蓋至此乎. <莊子>

훌륭하도다(선재善哉), 기술技術이 어떻게 이런 경지에 이르렀는가.

人生世上, 勢位富貴, 蓋可忽乎哉. <戰國策>

사람이 세상에 태어나, 권세權勢와 지위地位와 부귀富貴를, 어찌
가벼이 여길(홀忽) 수 있겠는가.

⑦ 어찌 아니 하느냐. (합)

子蓋言子之志於公乎. <禮記>

그대(자子)는 어찌 그대의 뜻을 헌공獻公에게 말하지 않습니까.

今以攻戰爲利, 則蓋嘗鑒之於智伯之事乎. <墨子>

만약(금今) 공격하여 싸우는 것을 이롭게 여긴다면, 어찌 일찍이
지백智伯의 일에서 이를 거울삼지(감鑒) 않는가. *以ⓐ爲ⓑ : ⓐ
를 ⓑ라고 하다.(삼다 · 여기다 · 생각하다)

夫子之道至大也, 故天下莫能容, 夫子蓋少貶焉. <史記>

선생의 도는 지극히(지至) 커서, 천하 사람들이 받아들일(용容) 수
없습니다. 선생께서는 어찌하여 조금 낮추시지(폄貶) 않으십니까.

☞ '하불何不'의 의미인 '합蓋'과 통한다.

盍各言爾志. <論語>

어찌하여 각자 너희들(이爾)의 생각을 말하지 않는가.

王欲行之, 則盍反其本矣. <孟子>

왕께서 이를 행하려고 하신다면, 어찌 그 근본으로 돌아가지 않

13

으십니까. *종결사 '의矣·야也·언焉' 등이 의문사와 호응하면
의문종결사가 된다.

盍且求之, 以洒廢棄之恥乎. <睡隱集>
어찌 장차 벼슬을 구하여 버려진(폐기廢棄) 치욕恥辱을 씻으려(세
洒)고 하지 않는가. *且(차)장차 ~하려고 하다.<미래>

3. 見(견·현)

① 보다. 〈타동사〉

見利思義, **見**危授命. <論語>
이利를 보고 의義를 생각하며, 위태危殆로움을 보고 목숨을 바친
다(수授).

只**見**讀書榮, 不**見**讀書墜. <王荊公勸學文>
단지(지只) 책을 읽어 영화榮華롭게 됨을 보았고, 책을 읽어 실추
失墜함을 보지 못하였다.

能**見**百步之外, 而不能自**見**其睫. <韓非子>
백 보 밖을 볼 수 있으나, 스스로 그의 눈썹(첩睫)을 볼 수 없다.
*目不見睫(목불견첩)남의 허물은 볼 줄 알아도 자신을 제대로 보
지는 못함.

② 보이다. 〈자동사〉

空山不見人, 但聞人語響. <王維詩>

빈산에 사람은 보이지 않고, 다만(단但) 사람 말소리(어향語響)가 들릴 뿐이네.

回頭下望人寰處, 不見長安見塵霧. <長恨歌>

머리 돌려 사람들이 사는 곳(인환처人寰處)을 내려다보니, 장안長安은 보이지 않고 먼지와 안개(진무塵霧)만 보이네.

行善之人如春園之草, 不見其長, 日有所增. <明心寶鑑>

선을 행하는 사람은 봄 동산의 풀과 같아서(여如), 그 사람이 보이지 않으나, 날로 더해지는(증增) 것이 있다.

③ 당하다 · 받다. 〈피동〉

☞ '견見'은 동사 앞에 놓여 동작의 피동을 나타내는 피동보조사이며, 뒤의 동사는 목적어가 된다.

衆人皆醉, 我獨醒, 是以見放. <漁父辭>

뭇사람들이 모두 취醉했는데, 나 홀로 깨어(성醒) 있어, 이 때문에(시이是以) 추방追放당하였다.

匹夫見辱, 拔劍而起, 挺身而鬪. <留侯論>

필부匹夫가 욕됨을 당하면, 칼을 빼어(발拔) 일어나, 몸을 세워(정挺) 싸운다(투鬪).

信而見疑, 忠而被謗, 能無怨乎. <史記>

진실하면서 의심疑心을 받고, 충성스러우면서 비방誹謗을 당하면, 원망怨望하지 않을 수 있겠는가.

④ 뵙다. (현)

☞ '견見'은 아랫사람이 윗사람을 뵐 때는 '현'으로 읽는다.

冉有季路, 見於孔子. <論語>

염유冉有와 계로季路가, 공자를 알현謁見했다.

世子自楚反, 復見孟子. <孟子>

세자世子가 초楚나라로부터(자自) 돌아와(반反), 다시(부復) 맹자를 뵈었다.

回到五丈原, 見了孔明, 具說. <三國志演義>

오장원五丈原으로 되돌아와서(회도回到), 공명孔明을 뵙고, 갖추어(구具) 말했다. *了(료)동사 뒤에 쓰여 동작이 완료되었음을 나타냄.

⑤ 나타나다·드러나다. (현)

得志澤加於民, 不得志修身, 見於世. <孟子>

뜻을 얻으면 백성에게 은택恩澤을 더하고, 뜻을 얻지 못하면 몸을 닦아, 세상에 드러낸다.

前代帝王, 有盛德大業者, 必見於歌頌. <大唐中興頌>

전대前代의 제왕帝王으로, 성盛한 덕과 대업大業이 있는 자는, 반드시 가송歌頌에 나타났다.

莫見乎隱, 莫顯乎微, 故君子愼其獨也. <中庸>

숨기는 것보다(호乎) 더 잘 드러나는(현見) 것이 없고, 미세微細한 것보다 더 잘 나타나는(현顯) 것이 없으니, 그러므로 군자는 그 홀로를 삼간다(신愼).

4. 更(경·갱)

① 고치다·바꾸다. (경)

帝重信于外國, 故不復更人. <西京雜記>

한원제漢元帝는 다른 나라에 신뢰받음을 중히 여겼기 때문에(고故), 다시(부復) 사람(왕소군王昭君)을 바꾸지 않았다.

不能更鳴, 東徙, 猶惡子之聲. <說苑>

울음소리를 고칠(경更) 수 없다면, 동쪽으로 이사移徙하더라도, 여전히(유猶) 너(자子)의 소리를 싫어할(오惡) 것이다.

相如旣學, 慕藺相如之爲人也, 更名相如. <史記>

사마상여司馬相如가 이미 배우고, 인상여藺相如의 사람됨을 사모하여(모慕), 이름을 상여로 바꾸었다. *慕藺(모린)인상여를 사모한다는 말로, 훌륭한 사람을 경모敬慕함.

② 번갈아·교대로. (경)

晉楚更霸. <千字文>

진晉나라와 초楚나라가 번갈아 패권霸權을 잡았다.

母孫二人, 更相爲命. <陳情表>

조모祖母와 손자 두 사람이, 번갈아 서로 목숨을 위해주었다.

更往來, 覆訊斯, 斯更以實對, 輒復榜之. <通鑑>

번갈아 오가면서, 이사李斯를 반복反覆하여 심문訊問하고, 이사가 다시(갱更) 사실대로 대답하면, 번번이(첩輒) 다시(부復) 볼기를 쳤다(방榜).

③ 밤 시각. (경)

☞ '경更'은 밤을 초경初更(일경一更)에서 오경五更까지로 나눈
　시간 단위이다.

一夕三更, 寶讀書未臥. <搜神記>

어느 날 밤 삼경三更에, 양보楊寶는 책을 읽으면서 아직 잠자지
않고 있었다.

是夜二更同發, 四更到露梁. <李忠武公全書>

이날 밤 이경二更에 함께 출발하여, 사경四更에 노량露梁에 이르
렀다.

五更鷄叫趁鍾聲, 起擁衾裯坐達明. <姜希孟詩>

오경五更에 닭들이 울어(규叫) 종소리를 뒤따르니(진趁), 일어나
이불(금주衾裯) 끼고(옹擁) 날이 밝도록(달명達明) 앉아 있네. *五
更(오경)황혼부터 새벽까지의 저녁을 5등분으로 나눈 시각. 또는
하룻밤을 초경初更<일경一更. 갑야甲夜. 7~9시>·이경二更<을야乙
夜. 9~11시>·삼경三更<병야丙夜. 11~1시>·사경四更<정야丁夜. 1
~3시>·오경五更<무야戊夜. 3~5시>으로 나눴을 때의 다섯째 부분.

④ 다시. (갱)

吾嘗爲鮑叔謀事, 而更窮困. <史記>

내가 일찍이(상嘗) 포숙鮑叔을 위해 일을 도모圖謀하였으나, 다시
곤궁困窮해졌다.

勸君更盡一杯酒, 西出陽關無故人. <王維詩>

그대(군君)에게 권권勸하노니 다시 한잔 술 다하게, 서쪽으로 양관

陽關을 나서면 친구도 없을 테니. *陽關(양관)서역으로 가는 남쪽
관문. 북쪽은 옥문관玉門關.

烏得以從外者爲非, 而更求在內者爲是也. <近思錄>
어찌(오烏) 밖을 쫓는(종從) 것을 그르다(비非) 하고, 다시 안에서
구하는 것만을 옳다(시是)고 할 수 있겠(득得)는가(야也).

5. 故(고)

① 옛·옛날·옛일.

溫故而知新, 可以爲師矣. <論語>
옛것을 익히고(온溫) 새것을 알면, 스승이 될(위爲) 수 있다. *可
以(가이)~할 수 있다.<가능>

人亡餘故宅, 空有荷花生. <李白詩>
사람은 죽고(망亡) 옛 집(택宅)만 남아, 부질없이(공空) 연꽃(하화
荷花)만 피어 있네.

欲以一劍待足下而復故主, 不幸爲姦人所發. <六臣史略>
하나의 검으로 그대(족하足下)를 기다려 옛 임금을 복위復位하려
고 하였는데, 불행不幸하게 간사한 사람(간인姦人)들에게 들켰다.
*爲ⓐ所ⓑ : ⓐ에게 ⓑ당하다.

② 그러므로. 〈접속사/인과〉

達不離道, **故**民不失望焉. <孟子>

영달榮達하여도 도道를 떠나지(리離) 않기 때문에, 백성들이 희망
希望을 잃지 않는다.

泰山不辭土壤, **故**能成其大. <上秦皇逐客書>

태산泰山은 흙덩이(토양土壤)를 사양辭讓하지 않아, 그러므로 그
거대함을 이룰 수 있다.

崔致遠孤雲, 有破天荒之大功, **故**東方學者, 皆以爲宗. <白雲小說>

고운孤雲 최치원崔致遠은 파천황破天荒의 큰 공이 있기 때문에,
동방東方의 학자들이, 모두 으뜸(종宗)으로 삼는다. *破天荒(파천
황)천지가 열리지 않은 세상을 개척함.

③ 일부러 · 짐짓.

知我**故**來意, 取琴爲我彈. <陶潛詩>

내가 일부러 온 뜻을 알고는, 거문고를 가져다(취取) 나를 위해
타주네(탄彈).

四年眞虎暴卒, 疑**故**殺, 卽囚王信. <三國遺事>

4년에 진호眞虎가 갑자기(포暴) 죽자(졸卒), 견훤甄萱은 일부러 죽
였다고 의심疑心하고, 곧(즉卽) 왕신王信을 가두었다(수囚).

常恐是非聲到耳, **故**敎流水盡籠山. <崔致遠詩>

늘 시비是非하는 소리 귀에 들릴까 두려워(공恐), 짐짓 흐르는 물
로 온통(진盡) 산을 에워싸게(롱籠) 하였다. *敎(교)~하여금 ~하
게 하다.<사역>

④ 까닭·이유.

無**故**而得千金, 不有大福, 必有大禍. <明心寶鑑>

까닭 없이 많은 돈을 얻으면, 큰 복은 있지 않고, 반드시 큰 화禍가 있을 것이다.

聖人何**故**獨爲聖人, 我則何**故**, 獨爲衆人耶. <擊蒙要訣>

성인聖人은 무슨(하何) 까닭으로 홀로 성인이 되었으며(위爲), 나는 무슨 까닭으로 홀로 중인衆人이 되었는가.

近塞之人死者十九, 此獨以跛之**故**, 父子相保. <淮南子>

변방(새塞) 가까이에 사는 사람은 죽은 자가 열에 아홉이었으나, 이 사람만이 절름발이(파跛)인 까닭에, 부자父子가 서로 목숨을 보전保全하였다. *十九(십구)열에 아홉. 분모와 분자를 연용한 분수.

⑤ 사고·변고

父母俱存, 兄弟無**故**, 一樂也. <孟子>

부모가 모두 생존해 계시며(구존俱存), 형제가 무고無故한 것이, 첫 번째 즐거움이다.

聖人已死, 則大盜不起, 天下平而無**故**矣. <莊子>

성인이 죽고 나면, 큰 도둑(도盜)이 일어나지 않아, 천하가 평화롭고 사고가 없을 것이다.

縱不能用, 使無去其疆域, 則國終身無**故**. <荀子>

비록(종縱) 등용할 수 없을지라도, 강역疆域(국가의 영토)을 떠남이 없게 한다면, 나라는 종신終身토록 사고가 없을 것이다.

⑥ 친구.

☞ '고故'가 '인人'과 연용連用하여 '고인故人'으로 쓴다.

若非吾**故人**乎. <史記>

그대(약若)는 나의 친구가 아닌가.

先生漢光武之**故人**也. <嚴先生祠堂記>

선생(범중엄范仲淹)은 한漢나라 광무제光武帝의 친구였다.

故人知君, 君不知**故人**, 何也. <後漢書>

친구인 나는 그대(군君)를 잘 알고 있는데, 그대가 친구를 알지 못함은 무슨 까닭인가.

6. 固(고)

① 굳다·견고하다.

君子不重則不威, 學則不**固**. <論語>

군자가 중후重厚하지 않으면 위엄威嚴이 없으니, 배움도 견고하지 못하다.

木有所養, 根本**固**, 而枝葉茂. <明心寶鑑>

나무를 기르는 바가 있으면, 뿌리가 견고하고, 가지와 잎(지엽枝葉)이 무성茂盛하다.

兵不勁, 城不**固**, 而求敵之不至, 不可得也. <荀子>

군대가 굳세지(경勁) 않고, 성이 견고하지 않으면서, 적敵이 침범하지 않기를 바라는 것은, 얻을 수 없다.

② 굳게·확고히.

禹拜稽首, **固**辭. <書經>

우禹가 머리를 조아리며(계稽), 굳게 사양辭讓하였다.

明善爲本, **固**執之, 乃立. <近思錄>

선善을 밝힘이 근본根本이 되고, 이것을 굳게 잡아(집執) 지켜야, 비로소(내乃) 확립된다.

誠之者, 擇善而**固**執之者也. <中庸>

성誠해지려고 하는 자는, 선善을 택하여 굳게 지키는(집執) 자이다.

③ 고루하다·완고하다.

固哉. 高叟之爲詩也. <孟子>

고루하구나, 고수高叟(고자高子)가 시詩를 해석함이여.

景子爲人國相, 豈不**固**哉. <說苑>

경자景子는 남의 국상國相이 되었는데, 어찌 고루하지 않은가.

奢則不孫, 儉則**固**, 與其不孫也, 寧**固**. <論語>

사치奢侈하면 공손하지(손孫) 못하고, 검소儉素하면 고루固陋하니, 공손하지 못한 것보다는, 차라리(녕寧) 고루한 것이 낫다. *與其 ⓐ寧ⓑ : ⓐ보다 차라리 ⓑ가 더 낫다.

④ 본디 · 원래.

魚固人之所射也. <說苑>

물고기는 본디 사람들이 쏘아 잡는(사射) 것이다.

蛇固無足, 子安能爲之足. <戰國策>

뱀(사蛇)은 본래 다리가 없는데, 그대(자子)는 어찌(안安) 그것의 다리를 그릴 수 있는가. *蛇足(사족)쓸데없는 군더더기.

子固非魚也, 子之不知魚之樂. <莊子>

그대(자子)는 본시 물고기가 아니니, 그대는 물고기의 즐거움을 알지 못한다.

⑤ 진실로 · 참으로.

人固非父母, 則不生. <啓蒙篇>

사람은 진실로 부모가 아니면, 태어나지 못한다.

古之君子, 固以劍自衛乎. <孔子家語>

옛날의 군자는, 참으로 검劍으로 자신을 보위保衛하였습니까.

與其生而無義, 固不如烹. <史記>

살아서 의리가 없기보다는, 진실로 삶아져 죽는(팽烹) 것이 낫다.
*與其ⓐ不如ⓑ : ⓐ보다 ⓑ가 더 낫다.

⑥ 반드시 · 틀림없이.

天下已定, 我固當烹. <史記>

천하가 이미(이已) 평정平定되었으니, 나도 틀림없이 마땅히 삶아지겠구나(팽烹).

夫中國固以奢而亡, 吾邦必以儉而衰. <北學議>

대저(부夫) 중국은 틀림없이 사치奢侈로써 망亡하고, 우리나라(오방吾邦)는 반드시 검소儉素함으로써 쇠衰할 것이다.

人固有一死, 或重於泰山, 或輕於鴻毛. <史記>

사람은 반드시 한 번 죽음이 있는데, 어떤 사람(혹或)은 태산보다(어於) 중히 여기고, 어떤 사람은 기러기(홍鴻) 털보다 가볍게 여긴다. *泰山鴻毛(태산홍모)태산과 기러기 털이라는 뜻으로, 경중의 차이가 큰 것을 비유함.

7. 過(과)

① 허물 · 잘못.

過而不改, 是謂過矣. <論語>

잘못하고도 고치지 않는 것, 이를 잘못이라고 한다.

刑過不避大臣, 賞善不遺匹夫. <韓非子>

죄과罪過를 벌함은(형刑) 대신大臣도 피피避하지 않으며, 선을 상 줌은 필부匹夫도 빠뜨리지(유遺) 않는다.

若惟不耕與不敎, 是乃父兄之過歟. <白樂天勸學文>

만약 밭 갈지도(경耕) 않고 가르치지도 않는다면, 이는 곧(내乃) 부형父兄의 잘못이로다(여歟).

② 지나치다·초월하다·넘다.

仁可過也, 義不可過也. <刑賞忠厚之至論>

인仁은 지나칠 수 있지만, 의義는 지나쳐서는 안 된다.

遠非道之財, 戒過度之酒. <明心寶鑑>

도리道理가 아닌 재물財物은 멀리하고, 도度에 지나치는 술을 경계警戒하여야 한다.

他花不過一時之好, 惟棉花衣被天下. <大東奇聞>

다른 꽃은 한때의 좋음에 지나지 않으나, 오직(유惟) 목화(면화棉花)는 천하 사람들에게 옷을 입힌다(피被).

③ 지나다. 〈시간·세월〉

藝不少學, 過時悔. <明心寶鑑>

재주(예藝)는 어렸을 때 배우지 않으면, 시기가 지났을 때 뉘우친다(회悔).

親老, 出不易方, 復不過時. <禮記>

부모님께서 늙으셨으면, 나갔다가 방향方向을 바꾸지(역易) 않으며, 돌아옴에(복復) 시간을 지나치지 않는다.

過去事明如鏡, 未來事暗似漆. <明心寶鑑>

지나간 일은 밝기가 거울(경鏡)과 같고, 미래의 일은 어둡기가 칠흑漆黑과 같다(사似).

④ 통과하다·지나가다·들르다. 〈장소〉

禹稷當平世, 三過其門, 而不入. <孟子>

우왕禹王과 후직后稷은 태평한 세상을 당하여, 그의 문 앞을 세 번이나 지났지만, 들르지 못하였다.

人生天地之間, 若白駒之過隙. <莊子>

사람이 천지 사이에 살아 있는 것은, 흰 말(구駒)이 틈(극隙) 앞을 지나가는 것과 같다. *白駒過隙(백구과극)세월이 덧없이 빨리 지나감, 곧 덧없는 인생을 이름.

若異國兵來, 陸路不使過炭峴, 水軍不使入伎伐浦. <三國遺事>

만일(약若) 다른 나라 군사가 오거든, 육로陸路는 탄현炭峴을 지나지 못하게 하고, 수군水軍은 기벌포伎伐浦에 들어오지 못하게 하소서.

⑤ 낫다 · 뛰어나다.

若要人重我, 無過我重人. <明心寶鑑>

만약(약若) 남이 나를 중히 여기기(중重)를 원한다면(요要), 내가 먼저 남을 중히 여기는 것보다 나음이 없다.

司馬溫公, 嘗言吾無過人者. <小學>

사마온공司馬溫公(사마광司馬光)은 일찍이(상嘗) 내가 남보다 나은 것이 없다고 말하였다.

後生才性過人者, 不足畏, 惟讀書尋思推究者, 爲可畏耳. <小學>

후생後生이 재주와 천성이 남보다 뛰어난 사람은, 두렵지(외畏) 않고, 오직 독서讀書하고 깊이 생각하고(심사尋思) 연구하는(추구 推究) 사람이, 두려울 뿐이다(이耳).

8. 敎(교)

① 가르치다.

子雖賢. 不敎不明. <明心寶鑑>

자식이 비록(수雖) 어질지라도, 가르치지 않으면 밝지 못하다.

我學不厭, 而敎不倦也. <孟子>

나는 배우기를 싫어하지(염厭) 않고, 가르치기를 게을리(권倦)하지 않았다.

汝不從我敎, 則固不得爲吾女也. <三國史記>

네(여汝)가 내 가르침을 따르지(종從) 않는다면, 진실로(고固) 내 딸이 될 수 없다.

② 가르쳐 주다. 〈수여동사〉

☞ '교敎'는 수여동사로 대상을 가리키는 보어(간접목적어)와 사물을 가리키는 직접목적어를 취하며, '~에게 ~을 가르쳐 주다.'로 풀이한다.

后稷敎民稼穡. <孟子>

후직后稷은 백성들에게 곡식농사(가색稼穡)를 가르쳐 주었다.

毋敎猱升木, 如塗塗附. <詩經>

원숭이(노猱)에게 나무에 오르는 것(승升)을 가르쳐 주지 마라(무毋), 진흙(도塗)에 진흙을 붙이는(부附) 것과 같으니라. *敎猱升木(교노승목)악인에게 나쁜 짓을 하도록 부추김.

賜子千金, 不如教子一藝. <明心寶鑑>

자식에게 천금을 주는 것이(사賜), 자식에게 한 가지 기예技藝를 가르쳐 주는 것만 못하다. *ⓐ不如ⓑ : ⓐ는 ⓑ만 같지 못하다. <우열비교>

③ ~로 하여금 ~하게 하다. 〈사역〉

☞ '교教'는 사역동사로, '教+ⓐ(대상)+ⓑ(용언)'의 형태이며, 'ⓐ로 하여금 ⓑ하게 하다.'로 풀이한다.

鄰人之父徒欲爲薪, 而教吾伐之也. <列子>

이웃 늙은이가 다만(도徒) 땔감(신薪)을 하려고, 나로 하여금 나무를 베게(벌伐) 하였구나.

但使龍城飛將在, 不教胡馬渡陰山. <王昌齡詩>

다만 용성龍城에 비장飛將(이광李廣. 용맹하고 날랜 장수)이 있었다면, 오랑캐 말로 하여금 음산陰山을 넘지(도渡) 못하게 하였을 것이다. *但使(단사)다만 ~ 하면.

伯樂教其所憎者相千里之馬, 教其所愛者相駑馬. <韓非子>

백락伯樂은 그가 미워하는(증憎) 사람으로 하여금 천리마千里馬를 관찰하게(상相) 하고, 사랑하는 사람으로 하여금 둔마駑馬를 관찰하게 하였다.

9. 幾(기)

① 몇·얼마.

所賣之肉, 有**幾**許塊耶. <海東續小學>

파는(매賣) 고기가, 얼마 가량(허許)의 덩어리(괴塊)가 있더냐.

我屋南山下, 今生**幾**叢菊. <陶潛詩>

남산 아래 우리 집에는, 지금 몇 떨기(총叢)의 국화가 자랐을까.

數問其家金餘尙有**幾**所. <漢書>

자주(삭數) 그의 집사람에게 금金이 남은 것이 아직(상尙) 얼마쯤(소所) 있는지를 물었다.

☞ '하何'와 연용하여 '기하幾何'로 쓰는 경우가 많다.

先生能飮**幾何**而醉. <史記>

선생께서는 얼마를 마시면(음飮) 취醉할 수 있습니까.

浮生若夢, 爲歡**幾何**. <春夜宴桃李園序>

덧없는 인생(부생浮生)이 꿈과 같으니(약若), 기쁨(환歡)을 즐기는 것이 얼마나 되겠는가.

不深念遠慮, 後悔當**幾何**. <說苑>

깊이(심深) 생각하고 멀리(원遠) 생각하지(려慮) 않아, 후회後悔함이 얼마인가.

② 기미·낌새.

哲人知幾, 誠之於思. <動箴>

밝은(철哲) 사람은 기미機微를 알아서, 생각할 때에 성실히 한다.

安分身無辱, 知幾心自閑. <明心寶鑑>

분수에 편안하면 몸에 욕辱됨이 없고, 기미를 알면 마음이 절로
(자自) 한가閑暇할 것이다.

非知幾之君子, 孰能遏滔天之浪於涓涓之始乎. <東萊博議>

기미를 아는 군자가 아니라면, 누가(숙孰) 가는 흐름(연연涓涓)의 시작에
서 하늘에 닿을 듯한(도천滔天) 파도波濤(랑浪)를 막을(알遏) 수 있겠는가.

③ 어찌.

不爲社者, 且幾有翦乎. <莊子>

사社의 신목神木이 되지 않았다면, 또한(차且) 어찌 잘림(전翦)이
있었겠는가.

利夫秋豪, 害靡國家, 然且爲之, 幾爲知計哉. <荀子>

이익은 매우 적고(추호秋豪), 피해被害는 국가를 쓰러뜨릴 만합니
다(미靡), 그러나(연차然且) 이를 하려고 하니, 어찌 계략計略을
안다고 하겠습니까. *秋豪(추호)추호秋毫. 가을철에 가늘어진 짐승
의 털이란 뜻으로 몹시 적음을 비유함. 호豪는 호毫와 통함.

西門豹爲鄴令, 名聞天下, 澤流後世, 無絶已時, 幾可謂非賢大夫哉. <史記>

서문표西門豹는 업鄴의 현령縣令이 되어, 명성이 천하에 알려지고
(문聞), 은택恩澤이 후세까지 흘러, 끊어져 그치는(이已) 때가 없
었으니, 어찌 어진 대부가 아니라고 말할 수 있겠는가.

④ 거의.

禍莫大於輕敵, 輕敵**幾**喪吾寶. <老子>

재앙(화禍)은 적敵을 가볍게 여기는 것보다(어於) 더 큰 것이 없으니, 적을 가볍게 여기면 거의 나의 보배를 잃을 것이다(상喪).

行未十里, 度橋, 馬驚, 墮水**幾**死. <三國志>

십 리를 못 가서, 다리(교橋)를 건너는데(도度), 말이 놀라(경驚), 물에 떨어져(타墮) 거의 죽을 뻔했다.

聖人之學, 若非子思孟子, 則**幾**乎息矣. <近思錄>

성인의 학문學問은, 만약 자사子思와 맹자孟子가 아니었다면, 거의(기호幾乎) 끊겼을 것이다.

⑤ **가깝다.**

知樂, 則**幾**於禮矣. <禮記>

음악을 알면, 예禮에 가깝다.

如知爲君之難也, 不**幾**乎一言而興邦乎. <論語>

만일(여如) 임금 노릇하기가 어렵다는 것을 안다면, 한마디 말이 나라(방邦)를 일으키는 데에(호乎) 가깝지 않겠습니까(호乎).

水善利萬物, 而不爭, 處衆人之所惡, 故**幾**於道. <老子>

물은 만물을 잘 이롭게 하지만, 다투지(쟁爭) 않고, 많은 사람이 싫어하는(오惡) 곳(소所)에 처處하기 때문에, 도道에 가깝다.

⑥ **바라다.**

☞ '하何'가 '기幾'와 연용하여 '서기庶幾'로 쓰는 경우가 많다.

寡人自以疏遠, 毋幾爲君. <史記>

과인寡人(도공悼公)도 스스로 소원疏遠해졌기 때문에, 군주가 되기를 바라지 않았다(무毋).

庶幾廣愛形于四海. <孝經>

너그러운(광廣) 사랑이 사해四海에 드러나기를(형形) 바라노라.

王庶幾改之, 王如改諸, 則必反予. <孟子>

왕이 고치시기를 바라노니, 만일(여如) 왕이 이를(제諸) 고치신다면, 반드시 나(여予)를 돌리게 하셨을 것이다.

10. 其(기)

① 그·그것. 〈지시대명사/사물〉

☞ '기其'는 사물을 지시하는 대명사로, '其(수식어)＋피수식어'의 형태로 쓰며, 문장성분은 관형어이다.

二人同心, 其利斷金. <易經>

두 사람이 마음을 함께하면, 그 예리銳利함은 쇠를 자른다(단斷).

工欲善其事, 必先利其器. <論語>

장인匠人이 그 일을 잘하고자 한다면, 반드시 먼저 그 기계器械를 예리銳利하게 하여야 한다.

兒童以索, 執其兩端, 且越且跳, 至千餘度. <海東竹枝>

어린이들이 새끼줄(삭索)을 그 양쪽 끝(단端)을 잡고(집執), 넘으면서(월越) 뛰어(도跳), 천여 번(도度)에 이르렀다. *且~且~ : 한편으로 ~하고 한편으로 ~하다.

② 그. 〈지시대명사/사람〉

☞ '기其'는 사람을 지시하는 대명사로, '其(수식어)＋피수식어'의 형태로 쓰며, 문장성분은 관형어이다.

愛臣太親, 必危其身. <韓非子>

총애하는 신하를 너무(태太) 가까이하면, 반드시 그의 몸을 위태롭게 한다.

視人身, 若其身, 誰賊. <墨子>

남의 몸 보기를, 그(자신)의 몸과 같이하는데, 누가 해치겠는가(적賊).

其子趨而往視之, 苗則槁矣. <孟子>

그의 아들이 달려(추趨) 가서(왕往) 그것을 보니, 모(묘苗)는 말라(고槁) 있었다.

③ 그. 〈인칭대명사/3인칭〉

☞ '기其'는 피수식어가 있으면 지시대명사, 없으면 인칭대명사이다.

爲榮爲辱, 視其所友而已. <淮南子>

영화榮華롭게 되고 욕辱되게 됨은, 그가 친구 사귀는 것을 볼 뿐이다.

惜乎, 吾見其進也, 未見其止也. <論語>

애석하구나, (그의 죽음이여), 나는 그가 진전하는 것만을 보았고, 중지中止하는 것을 보지 못했다.

田光先生亦善待之, 知其非庸人也. <史記>

전광선생田光先生 또한 그를 잘(선善) 대해줌(대待)은, 그가 보통 사람(용인庸人)이 아님을 알았기 때문이다.

④ 아마도·혹은.

有始有卒者, 其唯聖人乎. <論語>

처음이 있고 끝(졸卒)이 있는 것은, 아마 오직 성인일진저.

微管仲, 吾其被髮左衽矣. <論語>

관중管仲이 없었다면(미微), 나는 아마도 머리를 풀고(피발被髮) 왼쪽으로 옷깃을 여미었을(좌임左衽) 것이다. *被髮左衽(피발좌임) 미개한 나라의 풍습. 오랑캐의 풍속.

君子終其身, 不可一日而廢者, 其惟讀書乎. <燕巖集>

군자가 그 몸을 마칠 때까지, 하루라도 폐廢할 수 없는 것은, 아마도 오직(유惟) 독서일진저.

⑤ 어찌·어째서.

☞ '기其'는 반드시 의문종결사와 호응하며, '기豈'의 의미이다.

國無主, 其能久乎. <左傳>

나라에 군주君主가 없으면, 어찌 오래갈 수 있겠습니까.

逸樂者, 憂勞其可忘乎. <明心寶鑑>

마음이 편안하고(일逸) 도를 즐거워하는 사람이, 육체적 근심과
수고로움을 어찌 잊을 수 있겠는가.

其有超然自拔於滔滔權利之外, 不以權利視我耶. <歲寒圖跋文>

어찌 도도滔滔한 권세權勢와 이익利益 밖에서 초연超然히 스스로
벗어나(발拔), 권세와 이익으로 나를 보지 않음이 있는가(야耶).

11. 乃(내)

① 이에. 〈접속사/인과〉

老馬之智可用也, 乃放老馬而隨之. <韓非子>

늙은 말의 지혜智慧를 이용할 만하다 하여, 이에 늙은 말을 풀어
(방放) 그 말을 따라갔다(수隨). *老馬之智(노마지지)노인이나 경
험이 풍부한 사람의 지혜를 비유함.

孟母曰, 此非所以居子也, 乃徙舍學宮之傍. <列女傳>

맹자의 어머니는 "이곳도 자식을 살게 할 곳이 아니다."라 하고,
이에 집을 학교(학궁學宮) 옆(방傍)으로 옮겼다(시徙).

堯子丹朱不肖, 乃薦舜於天, 堯崩, 舜卽位. <十八史略>

요堯의 아들 단주丹朱가 불초不肖하여, 이에 하늘에서 순舜을 천
거薦擧하니, 요가 죽고(붕崩), 순이 즉위卽位하였다.

② 곧·바로.

項梁乃敎籍兵法. <史記>

항량項梁은 곧 항적項籍에게 병법兵法을 가르쳐 주었다(교敎).

夫之不幸, 乃妾之不幸也. <小學>

남편의 불행不幸이, 곧 첩妾(여자의 겸칭)의 불행이다.

使遂蚤得處囊中, 乃穎脫而出. <史記>

만약(사使) 제(모수毛遂)가 일찍(조蚤) 주머니(낭囊) 속에 처할 수 있었다면, 이내 뾰족한 끝(영穎)이 빠져(탈脫) 나왔을 것입니다.

③ 비로소.

士窮, 乃見節義. <柳子厚墓誌銘>

선비는 곤궁困窮하게 되고 나서야, 비로소 절개節槪와 의리義理가 나타나게 된다(현見).

吾乃今日知爲皇帝之貴也. <史記>

나는(한왕漢王) 비로소 오늘 황제의 귀함을 알았다.

始以先生爲庸人, 吾乃今日而知先生爲天下之士也. <戰國策>

처음에는 선생(노중련魯仲連)을 용렬庸劣한 사람이라 생각했는데, 나는 비로소 오늘 선생이 천하의 선비임을 알았소. *爲(위)~이다.<연계동사>

④ 겨우·단지.

天下勝者衆矣, 而霸者乃五. <呂氏春秋>

천하에 승자는 많지만, 패자霸者는 단지 다섯이다.

項王乃復引兵而東, 至東城, 乃有二十八騎. <史記>

항왕項王이 곧(내乃) 다시(부復) 군사를 끌고 동으로 가, 동성東城
에 이르자, 겨우 28기騎가 남아 있었다.

夫聖人不世出, 賢人不時有, 千百歲而乃一相遇焉. <伊尹五就湯論>

무릇(부夫) 성인은 세상마다 나오지 않고, 현인은 시대마다 있지
않아서, 천 년이나 백 년에 겨우 한 번 서로 조우遭遇한다.

⑤ 너. 〈인칭대명사/2인칭〉

今欲發之, 乃能從我乎. <漢書>

지금 그 일을 펴려고 하는데, 너희들은 나를 따를(종從) 수 있겠
는가.

必欲烹乃翁, 幸分我一盃羹. <漢書>

꼭 너의 늙은이(아비)를 삶(팽烹)고자 한다면, 나에게도 국(갱羹)
한 그릇을 나누어 주기 바라오(행幸).

與爾三矢, 爾其無忘乃父之志. <五代史伶官傳論>

너(이爾)에게 화살 세 개를 주니(여與), 너는 네 아비의 뜻을 잊
지 마라(무無).

⑥ ~이다. 〈연계동사〉

☞ '내乃'는 주어와 보어<명사·명사구> 사이에 놓여 이를
   연결하는 역할을 하는 연계동사로, 일반 동사와 달리 동
   작動作성은 없고, 판단判斷작용을 한다.

吾敗乃命, 非用兵之過. <論衡>

나의 실패失敗는 운명運命이지, 용병用兵의 잘못이 아니다.

詩爲有聲畵, 畵乃無聲詩. <成侃詩>

시는 소리 있는 그림이요(위爲), 그림은 소리 없는 시이다.

松江關東別曲前後美人歌, 乃我東方之離騷. <西浦漫筆>

송강松江의 관동별곡關東別曲과 전후미인가前後美人歌는, 우리나라(아동방我東方)의 이소離騷이다.

⑦ 관용적 표현

☞ 無乃(毋乃)~乎 : ~이 아니겠는가.

以衛伐之, **無乃**不可**乎**. <史記>

위衛나라가 이를 토벌討伐하는 것은, 불가不可한 일이 아니겠습니까.

若以不孝令於諸侯, 其**無乃**非德類也**乎**. <左傳>

만약 불효를 제후諸侯에게 명령命令한다면, 어찌(기其) 부도덕한 일이 아니겠습니까.

君反其國, 而有私也, **毋乃**不可**乎**. <禮記>

임금께서 고국에 돌아오시는데, 사심私心을 두심은, 옳지 않음이 아니겠습니까.

12. 寧(녕)

① 편안하다.

民惟邦本, 本固邦**寧**. <書經>

백성은 오직(유惟) 나라(방邦)의 근본이니, 근본이 굳어야(고固) 나라가 편안하다.

周公兼夷狄, **驅猛獸**, 而百姓**寧**. <孟子>

주공周公이 오랑캐(이적夷狄)를 겸병兼幷하고, 맹수猛獸를 몰아내어(구驅), 백성들이 편안하였다.

非澹泊, 無以明志, 非**寧靜**, 無以致遠. <誡子書>

마음이 담박澹泊하지 않으면, 뜻을 밝게 할 수 없고(무이無以), 마음이 편안하고 고요하지 않으면, 먼 곳에 이를(치致) 수 없다.

② 어찌 · 어떻게.

王侯將相, **寧**有種乎. <史記>

임금과 제후諸侯와 장군將軍과 재상宰相이, 어찌 씨(종種)가 있겠는가.

向主一片丹心, **寧**有改理也歟. <漢譯丹心歌>

임을 향한 일편단심一片丹心이, 어찌 이치를 고침이 있겠는가(여歟).

十人而從一人者, **寧**力不勝, 智不若耶. <戰國策>

열 사람이 한 사람을 따르는(종從) 것이, 어찌 힘이 낮지(승勝) 못해서이며, 지혜智慧가 같지 못해서이겠는가.

③ 차라리. 〈선택형 비교〉

寧爲鷄口, 勿爲牛後. <史記>

차라리 닭의 부리가 될지언정, 소꼬리는 되지 마라. *寧ⓐ勿ⓑ :
차라리 ⓐ할지언정 ⓑ하지 마라.

與其害於民, **寧**我獨死. <左傳>

백성을 해롭게 하기보다는, 차라리 나 혼자 죽는 편이 낫다. *與
其ⓐ寧ⓑ : ⓐ보다 차라리 ⓑ가 더 낫다.

寧測十丈水深, 難測一丈人心. <耳談續纂>

차라리 열 길(장丈) 물 깊이는 헤아릴(측測) 수 있어도, 한 길 사
람의 마음은 알기 어렵다.

13. 道(도)

① 길 · 도로.

君不見**道**邊廢棄池. <杜甫詩>

그대(군君)는 보지 못했는가, 길가(변邊)에 버려져 있는(폐기廢棄)
연못(지池)을.

作舍**道**傍, 三年不成. <後漢書>

집(사舍)을 길옆(도방道傍)에 지으면, 삼 년이 지나도 완성하지 못

한다. *作舍道傍(작사도방)주관 없이 남의 말만 들으면 일이 되지 않는다는 말.

國無盜賊, 道不拾遺. <韓非子>

나라에 도적盜賊이 없고, 길에서 떨어뜨린(유遺) 것을 줍지(습拾) 않는다. *道不拾遺(도불습유)법이 잘 지켜져 나라가 태평함.

② 도 · 이치.

道之所存, 師之所存也. <師說>

도道가 있는 곳(소所)이, 스승이 있는 곳이다.

道也者, 不可須臾離也, 可離非道也. <中庸>

도는 잠시도(수유須臾) 떠날 수가 없으니, 떠날 수 있으면 도가 아니다.

天下溺, 援之以道, 嫂溺, 援之以手, 子欲手援天下乎. <孟子>

천하가 도탄에 빠지면(닉溺), 도로써 구원救援하고, 형수兄嫂가 물에 빠지면(익溺), 손으로써 구원하는 것이니, 그대(자子)는 손으로 천하를 구원하고자 하는가.

③ 길 · 방법.

刻削之道, 鼻莫如大, 目莫如小. <韓非子>

새기고 깎는(각삭刻削) 방법에, 코(비鼻)는 크게 하는 것만 한 것이 없고, 눈은 작게 하는 것만 한 것이 없다. *ⓐ莫如ⓑ : ⓐ는 ⓑ만 한 것이 없다.<최상급비교>

凡治國用人, 其道無他, 公私而已. <梧里先生文集>

무릇 나라를 다스리고 사람을 씀은, 그 방법은 다름이 없고, 공公과 사私일 따름이다(이이而已).

爲政之要, 曰公與淸, 成家之道, 曰儉與勤. <明心寶鑑>

정치를 하는 요점要點은 공평公平과(여與) 청렴淸廉이요(왈曰), 집안을 이루는 길은 검소儉素와 근면勤勉이다. *曰(왈)~이다.<연계동사>

④ 말하다.

無道人之短, 無說己之長. <文選>

남(인人)의 단점短點을 말하지 말고(무無), 자기의 장점長點을 말하지 마라.

道吾善者是吾賊, 道吾惡者是吾師. <明心寶鑑>

나의 선한 점을 말하는 자는 나의 적賊이요(시是), 나의 나쁜 점을 말하는 사람은 나의 스승이다.

夫臣人與見臣於人, 制人與見制於人, 豈可同日道哉. <史記>

무릇(부夫) 남을 신하로 삼는 일과(여與) 남에게 신하로 대해지는 일, 남을 제압制壓하는 일과 남에게 제압당하는 일을, 어찌 같은 날 말할 수 있겠습니까. *見~於~ : ~에게 ~당하다.<피동>

⑤ 인도하다·다스리다.

道民之路, 在於務本. <漢書>

백성을 다스리는 방법(로路)은, 본업本業(농업)을 힘씀(무務)에 있다.

道之以政, 齊之以刑, 民免而無恥. <論語>

인도引導하기를 법法(정政)으로 하고, 가지런하기를(제齊) 형벌刑罰로 하면, 백성이 형벌을 면免할 수 있으나 부끄러워함(치恥)은 없을 것이다.

道千乘之國, 敬事而信, 節用而愛人, 使民以時. <論語>

천승千乘의 나라를 다스리되, 일을 공경恭敬하고 믿게 하며, 쓰기를 절도節度 있게 하고, 백성을 사랑하며, 백성을 부리기를(사使) 때에 하여야 한다. *千乘(천승)제후諸侯. 주대周代에 전시戰時에 천자는 만승萬乘, 제후는 천승千乘을 내도록 되어 있었음.

14. 徒(도)

① 무리.

名花郎以奉之, 徒衆雲集. <三國史記>

화랑花郎이라 이름하고 받드니(봉奉), 무리가 구름처럼(운雲) 모였다.

如荀卿之徒, 著書布天下. <史記>

순경荀卿(순자荀子) 같은(여如) 무리는, 책을 지어(저著) 천하에 널리 알렸다(포布).

雄率徒三千, 降於太伯山頂神壇樹下. <三國遺事>

환웅桓雄이 무리 삼 천을 거느리고(솔率), 태백산太伯山 꼭대기(정頂)의 신단수神壇樹 아래에 내려왔다(강降).

② 다만. 〈부사/한정〉

濫想**徒**傷神, 妄動反致禍. <明心寶鑑>
지나친(람濫) 생각은 단지 정신을 상하게 할 뿐이요, 망령妄靈된 행동은 도리어(반反) 재앙을 부른다(치致).

強秦不敢加兵於趙者, **徒**以吾兩人在也. <史記>
강한 진秦나라가 감히 조趙나라에 병력을 가加하지 않는 것은, 다만 우리 두 사람이 있기 때문입니다.

善用人者, 非**徒**使善者善之, 亦能使不善者善之. <人政>
사람을 잘 쓰는 자는, 단지 선善한 사람으로 하여금 선하게 할 뿐 아니라, 또한 불선不善한 사람으로 하여금 선하게 할 수 있다.

③ 맨손 · 맨발.

秦人捐甲, **徒**裼以趨敵. <史記>
진秦나라 병사들은 갑옷을 벗어 버리고(연捐), 맨몸(도석徒裼)으로 적敵에게 달려갔다(추趨). *裼(석)웃통을 벗다.

賢不知所爲, 詣闕免冠**徒**跣謝. <通鑑>
동현董賢은 할 바를 알지 못하고, 궁궐宮闕에 나아가서(예詣) 관冠을 벗고 맨발(도선徒跣)로 사죄謝罪하였다.

若漢高帝, 起於草莽之中, **徒**手奮呼, 而得天下. <漢高帝論>
한고조漢高祖와 같은 경우는, 초야草野(초망草莽)에서 일어나, 맨손(도수徒手)으로 분발奮發하고 불러 모아(호呼), 천하를 얻었다.

④ 헛되이.

今空守孤城, 徒費財役. <通鑑>

지금 부질없이(空空) 외로운 성을 지키며, 재물과 병사(役役)를 헛되이 낭비浪費하고 있습니다.

月旣不解飮, 影徒隨我身. <李白詩>

달은 본래(旣旣) 술을 못하고, 그림자는 헛되이 내 곁을 따르네.

蓋專工一藝, 豈特徒費時日, 妨於學問. <近思錄>

대저 한 가지 기예技藝를 전공專工하는 것이, 어찌 다만(特特) 헛되이 시일時日을 써(비費), 학문에 방해妨害가 될 뿐이겠는가.

⑤ 제자·문인門人.

七十子之徒, 仲尼獨薦顏淵爲好學. <史記>

칠십 명(子子)의 제자 중에, 공자(중니仲尼)는 유독 안연顏淵을 들어(천薦) 학문을 좋아한다 하였다.

自孔子卒後, 七十子之徒散, 游諸侯. <史記>

공자가 세상을 떠난 후부터(자自), 칠십 명의 제자는 흩어져서, 제후들에게 유세遊說하였다.

陳良之徒陳相, 與其弟辛負耒耜, 而自宋之滕. <孟子>

진량陳良의 제자 진상陳相이, 그의 동생 진신陳辛과 함께 농기구(뇌사耒耜)를 짊어지고, 송宋에서(자自) 등滕으로 갔다(지之).

15. 得(득)

① 얻다.

種瓜得瓜, 種豆得豆. <明心寶鑑>

오이씨를 심으면(종種) 오이를 얻고, 콩을 심으면 콩을 얻는다.

臨財毋苟得, 臨難毋苟免. <禮記>

재물財物에 임해서 구차苟且하게 얻으려 말고, 어려움에 임하여 구차하게 면免하려 마라.

得黃金百斤, 不如得季布一諾. <史記>

황금 백 근斤 얻는 것이, 계포季布의 한 번 승낙承諾을 얻는 것 만 못하다. *季布一諾(계포일락)확실한 승낙.

② 잡다.

今者薄暮, 擧網得魚. <後赤壁賦>

오늘 해 질 녘(박모薄暮)에, 그물(망網)을 들어(거擧) 고기를 잡았다.

筌者所以在魚, 得魚而忘筌. <莊子>

통발(전筌)은 물고기를 잡는 것인데, 물고기를 잡고 나면 통발을 잊어버린다. *得魚忘筌(득어망전)뜻을 이루면 그 뜻을 이루기 위 해 사용한 수단은 버리게 된다는 의미.

一目之羅, 不可以得鳥, 無餌之釣, 不可以得魚. <淮南子>

한 눈의 그물(라羅)로 새를 잡을 수 없고, 미끼(이餌) 없는 낚시 (조釣)로 고기를 잡을 수 없다.

③ 줍다.

楚人和氏, **得**玉璞楚山中. <韓非子>

초楚나라 사람 화씨和氏가, 초산楚山에서 옥박玉璞을 주웠다.

弟**得**黃金二錠, 以其一與兄. <新增東國輿地勝覽>

아우가 황금 두 덩어리(정錠)를 주워, 그 하나를(이以) 형에게 주었다(여與).

嘉實直前, 以破鏡投之, 薛氏**得**之 呼泣. <三國史記>

가실嘉實이 즉시(직直) 나아가(전前), 깨어진 거울을 던지니(투投), 설씨薛氏는 이것을 주워 들고, 소리 내어(호呼) 울었다(읍泣).

④ 찾다.

俄而抇其谷, 而**得**其鈇. <列子>

얼마 지나(아이俄而) 그 골짜기를 파다가(골抇), 그 도끼(부鈇)를 찾았다.

主人索珠不**得**, 疑公竊取. <燃藜室記述>

주인이 구슬을 찾다가(색索) 찾지 못하자, 공이 훔쳐 가진 것(절취竊取)으로 의심疑心하였다.

尋向所誌, 遂迷不復**得**路. <桃花源記>

지난번 표시해 놓은 것(지誌)을 찾았으나(심尋), 끝내 미궁에 빠져(미迷) 다시(부復) 길을 찾지 못했다.

⑤ 만나다.

虎求百獸而食之, **得**狐. <戰國策>

호랑이가 온갖(백百) 짐승을 잡아(구求) 그것을 먹다가, 여우(호狐)를 만났다.

見桑中女, 因往追之, 不能得 還反. <說苑>
뽕잎을 따고 있는 여자를 보더니, 인하여 그를 뒤쫓아 갔으나, 만날 수 없어서 다시(환還) 돌아왔다.

堅若得洛, 不可復制, 此爲除狼而得虎也. <三國志>
손견孫堅이 만약 낙양洛陽을 얻으면, 다시(부復) 그를 통제統制할 수 없을 것이니, 이는 이리(낭狼)를 제거除去하고 범을 만나게 되는 격이다.

⑥ ~할 수 있다. 〈보조사/가능〉

☞ '득得'이 술어 앞에 위치하여 술어를 보조하는 보조사로, 가능可能을 나타낸다. 得의 뒤에 목적어가 오면 동사이다.

得忍且忍, 得戒且戒. <明心寶鑑>
참을(인忍) 수 있으면 또한(차且) 참고, 경계警戒할 수 있으면 또한 경계하라.

十人守之, 不得察一賊. <旬五志>
열 사람이 지키더라도, 한 도둑(적賊)을 살필(찰察) 수 없다.

舜雖賢, 不遇堯也, 不得爲天子. <戰國策>
순舜임금이 비록 어질지라도, 요堯임금을 만나지(우遇) 못했다면, 천자가 될(위爲) 수 없었을 것이다.

16. 良(량)

① 어질다 · 뛰어나다 · 훌륭하다.

馬氏五常, 白眉最良. <三國志>

마씨馬氏 다섯 형제(오상五常)에서 백미白眉(마량)가 가장 뛰어났다.
*五常(오상)마량馬良의 자는 계상季常이며, 형제 다섯이 상常자를
사용하여 자를 만들었음. *白眉(백미)우수한 여럿 중에서 가장 뛰
어남.

家貧則思良妻, 國亂則思良相. <史記>

집안이 가난해지면 어진 아내를 생각나고, 나라가 혼란해지면 훌
륭한 재상宰相을 생각한다.

狡兔盡則良犬烹, 敵國滅則謀臣亡. <韓非子>

교활狡猾한 토끼가 없어지면(진盡) 뛰어난 개는 삶아지고(팽烹),
적국敵國이 멸망滅亡하면 모신謀臣도 없어진다(망亡). *兔死狗烹
(토사구팽)필요할 때는 쓰고 필요가 없으면 야박하게 버려짐.

② 좋다.

高鳥盡, 良弓藏. <史記>

높이 나는 새가 없어지면, 좋은 활을 넣어 둔다(장藏).

良藥苦於口, 而利於病. <孔子家語>

좋은 약은 입에 쓰나, 병에 이롭다.

良田萬頃, 不如薄藝隨身. <明心寶鑑>

좋은 밭 만 이랑(경頃)이, 박薄한 기예技藝가 몸에 따르는(수隨) 것만 못하다.

③ 참으로 · 진실로.

古人秉燭夜遊, 良有以也. <春夜宴桃李園序>

옛날 사람이 촛불을 잡고(병秉) 밤에 놀았던 것은, 진실로 까닭(이以)이 있었다.

竊人主之權, 擅造化之力, 其爲害政, 良可悲矣. <通鑑>

임금의 권한을 훔치고(절竊), 조화하는 힘을 멋대로 하고 있어(천擅), 그것이 정치를 해치게 되니, 참으로 슬프다.

大抵作官嗜利, 所得甚少, 而吏人所盜不貲矣, 以此被重譴, 良可惜也. <小學>

대저大抵 관리가 되어 이익을 좋아하면(기嗜), 자신이 얻는 것은 매우(심甚) 적으면서도, 아전들이 도둑질하는 것을 헤아릴(자貲) 수 없다. 이 때문에(이차以此) 무거운 벌(견譴)을 받게 되니, 참으로 애석哀惜하다.

④ 남편.

☞ '량良'이 '인人'과 연용하여 '양인良人'으로 쓴다.

良人者, 所仰望而終身也. <孟子>

남편이란, 우러러 바라보면서(앙망仰望) 일생을 마쳐야 할 사람이다.

何日平胡虜, **良人**罷遠征. <李白詩>

어느(하何) 날에 오랑캐(호로胡虜)를 평정平定하고, 남편이 원정遠征을 그만둘(파罷) 것인가.

今**良人**已失, 單獨一身, 不能自持, 況爲王御, 豈敢相違. <三國史記>

이제 이미 남편을 잃어, 혼자 몸으로는 스스로를 부지扶持할 수 없사온데, 하물며(황況) 왕을 모시게(어御) 되었으니, 어찌 감히 어기겠습니까.

⑤ 잠시·조금 있다가.

☞ '량良'이 '구久'와 연용하여 '양구良久'로 쓴다.

韓立馬**良久**, 謂島曰, 作敲字佳矣. <湘素雜記>

한유韓愈는 말을 세우고 한참 있다가, 가도賈島에게 일러 말했다. "고敲 자로 짓는 것이 좋겠네."

爲開籠縱鶴, **良久**逋必棹小船而歸. <夢溪筆談>

새장(롱籠)을 열어 학을 풀어 놓으면(종縱), 한참 있다가 임포林逋는 반드시 작은 배를 저어(도棹) 돌아왔다.

感我此言**良久**立, 却坐促絃絃轉急. <琵琶行>

나의 말에 감동感動한 듯 한동안 서 있다가, 다시(각却) 앉아 급히(촉促) 타니(현絃) 줄 소리(현絃) 더욱(전轉) 급하네.

17. 亡(망·무)

① 망하다.

國雖大, 好戰必亡. <史記>

나라가 비록 클지라도, 싸움을 좋아하면 반드시 망亡한다.

後世, 必有以酒亡其國者. <戰國策>

후세後世에, 반드시 술로써 그 나라를 망하게 하는 자 있으리라.

以亂攻治者亡, 以邪攻正者亡, 以逆攻順者亡. <韓非子>

난亂으로 치治를 공격攻擊하면 망하고, 사邪로 정正을 공격하면 망하고, 역逆으로 순順을 공격하면 망한다.

② 달아나다·도망하다.

廣故數言欲亡. <史記>

오광吳廣은 도망逃亡하려 한다고 일부러(고故) 자주(삭數) 말했다.

馬無故亡, 而入胡. <淮南子>

말이 까닭 없이(무고無故) 달아나, 오랑캐 땅(호胡)에 들어갔다.

諸將行道, 亡者數十人. <史記>

여러 장수(제장諸將)가 길을 가다가, 도망한 자가 수십 명이었다.

③ 죽다.

速亡, 愈於久生. <列子>

빨리 죽는 것이, 오래 사는 것보다(어於) 낫다(유愈).

實爲吾亡弟卓而之再期. <亡弟再期祭文>

실實은 나의(김창협金昌協) 죽은 아우 탁이卓而의 두 번째 기일忌日이다.

亡父, 未嘗以白金委人也. <小學>

돌아가신(망亡) 아버지께서, 일찍이 은(백금白金)을(이以) 남에게 맡기지(위委) 않았습니다.

④ 잃다.

人有亡鈇者, 疑其鄰之子. <列子>

어떤 도끼(부鈇)를 잃은 자가 있었는데, 그 이웃(린鄰)의 아들을 의심疑心하였다.

甚愛必大費, 多藏必厚亡. <道德經>

애착愛着이 심하면, 반드시 크게 쓰게 되고(비費), 쌓아둠(장藏)이 많으면, 반드시 많이(후厚) 잃게 된다.

大道以多岐亡羊, 學者以多方喪生. <列子>

큰 길(도道)은 갈림길(기岐)이 많아서 양을 잃어버리고, 배우는 데는 방도方道가 많아서 삶을 잃는다(상喪). *多岐亡羊(다기망양)학문의 길이 많아 진리를 찾기 어려움을 뜻함.

⑤ 없다. (무)

☞ '망亡'은 '없다'는 뜻일 때는 '무'로 읽으며, '무無'와 의미가 같다.

軍亡導, 或失道 後大將軍. <史記>

군軍에 길을 인도引導하는 사람이 없어, 간혹間或 길을 잃어, 대장군(위청衛靑)에게 뒤처졌다(후後).

有顔回者好學, 不幸短命死矣, 今也則亡. <論語>

안회顔回라는 자가 배우기를 좋아했는데, 불행不幸하게 명이 짧아 죽고, 지금은 없다.

人之性生, 而有好利焉, 順是故爭奪生, 而辭讓亡焉. <荀子>

사람의 성품은 나면서부터, 이利를 좋아함이 있어, 이를 따르는 까닭에 쟁탈爭奪이 생기고, 사양辭讓이 없어졌다.

18. 命(명)

① 목숨·수명.

人命危淺, 朝不慮夕. <陳情表>

사람의 목숨이 위태危殆롭고 얕아서, 아침에 저녁을 생각하지(려慮) 못합니다.

見利思義, 見危授命. <論語>

이익利益을 보면 의義를 생각하며, 위태로움을 보면 목숨을 바친다(수授).

冰炭不可以相幷兮, 吾固知乎命之不長. <七諫>

얼음과 숯(빙탄氷炭)은 서로 함께할(병幷) 수 없음이여(혜兮), 내 진실로(고固) 목숨이 길지 못할 것을 알았노라.

② 운수·운명.

于嗟徂兮, **命**之衰矣. <史記>

아(우차于嗟) 가리라(조徂), 운명이 쇠衰하였도다.

死生有**命**, 富貴在天. <論語>

죽고 사는 것은 명이 있고, 부와 귀는 하늘에 달려 있다.

吾昔從夫子, 遇難於匡, 今又遇難於此, **命**也已. <史記>

제(공양유公良孺)가 전에 선생님(공자)을 따르다가, 광匡에서 어려움을 만났는데(우遇), 지금 또 여기에서 어려움을 만나니, 운명인가 봅니다.

③ **명령**.

子從父之**命**, 可謂孝乎. <孝經>

자식이 아버지의 명을 따르기만(종從) 한다면, 효라고 말할 수 있겠습니까.

若君**命**可死, 非君**命**何聽. <左傳>

만일(약若) 군주의 명이라면 죽을 수 있지만, 군주의 명이 아니라면 어찌 듣겠습니까.

受任於敗軍之際, 奉**命**於危難之間. <前出師表>

패전한 즈음(제際)에 임무任務를 받았고(수受), 위급危急한 때(간間)에 명령을 받들었습니다(봉奉).

④ 명령하다.

命老臣, 俾之編集. <三國史記>

늙은 신에게 명하여, 이를 편집編集하게 하였다(비俾).

命顆曰, 必嫁是. <左傳>

아들 과顆에게 분부하여 말했다. "반드시 이 사람(이是)을 재가再嫁시키도록 하라."

凡婦不**命**適私室, 不敢退. <禮記>

모든(범凡) 며느리는 자기 방(사실私室)으로 가라(적適) 명하지 않으면, 감히 물러나지 않는다.

⑤ 명하여 ～하게 하다. 〈사역〉

☞ '명命'은 사역을 암시하는 동사로, '命＋ⓐ(대상)＋ⓑ(용언)'
　　의 형태이며, 'ⓐ에게 명하여 ⓑ하게 하다.'로 풀이한다.

命虞美人起舞. <十八史略>

우미인虞美人에게 명하여, 일어나 춤추게(무舞) 하였다.

命我元子尹玆一邦. <三國史記>

맏아들(원자元子) 나에게 명하여, 이(자玆) 한 나라(방邦)를 다스리게(윤尹) 하셨다.

晋陽公以其書未廣, **命**予續補. <補閑集>

진양공晋陽公(최우崔瑀)은 그 책 내용이 넓지 않다고 생각하여, 나(여予. 최자崔滋)에게 이어서(속續) 보충補充하라고 하였다.

⑥ 이름 붙이다.

立祠江上, 命曰胥山. <補閑集>

강가에 사당祠堂을 세워, 서산胥山이라 이름하였다.

凡六百一十六言, 命曰琵琶行. <琵琶行>

모두(범凡) 616언言인데, 비파행琵琶行이라 이름한다.

王乃使玉人理其璞, 而得寶焉, 遂命曰和氏之璧. <韓非子>

왕은 곧 옥을 보는 사람으로 하여금 그 옥돌(박璞)을 다듬게(리
理) 하여, 보옥을 얻어, 마침내(수遂) 화씨지벽和氏之璧이라 이름
하였다. *和氏之璧(화씨지벽)화씨和氏가 발견한 천하 명옥名玉. 또
는 어떤 난관도 참고 견디면서 자신의 의지를 관철시키는 것을
비유함. 변화지벽卞和之璧, 화벽和璧이라고도 함.

19. 無(무)

① 없다. 〈존재동사〉

☞ '무無'는 사물이 없음을 나타내는 존재동사로, 無의 뒤는
   보어가 된다. 이때 보어는 주어처럼 '~이(가)'로 풀이한다.

務正學以言, 無曲學以阿世. <史記>

올바른 학문에 힘써(무務)서 말을 하고, 학문을 굽혀(곡曲)서 세상
에 아부阿附함이 없어야 한다.

水至淸則無魚, 人至察則無徒. <孔子家語>

물이 너무 맑으면 고기가 없고, 사람이 너무 살피면(찰察) 따르는 무리(도徒)가 없다.

志士仁人, 無求生以害仁, 有殺身以成仁. <論語>

뜻있는 선비와 어진 사람은, 삶을 구하여 인을 해침이 없고, 몸을 죽여 인을 이룸이 있다.

② 말다. 〈보조사/금지〉

☞ '무無'가 술어 앞에 위치하여 술어를 보조하는 보조사로, 금지禁止를 나타낸다.

無道人之短, 無說己之長. <文選>

남(인人)의 단점短點을 말하지(도道) 말고, 자기(기己)의 장점長點을 말하지 마라.

大丈夫當容人, 無爲人所容. <景行錄>

대장부는 마땅히 남을 용서容恕할지언정, 남에게 용서받는 바는 되지 마라.

無以巧勝人, 無以謀勝人, 無以戰勝人. <莊子>

교묘巧妙함으로 남을 이기려 말고, 꾀(모謀)로 남을 이기려 말고, 싸움으로 남을 이기려 마라.

③ 아니다. 〈보조사/부정〉

☞ '무無'가 술어 앞에 위치하여 술어를 보조하는 보조사로, 부정사 '불不·비非·미未'의 의미로 쓰인다.

君子食無求飽, 居無求安. <論語>

군자는 먹음에 배부름(포飽)을 구하지 아니하며, 거처함에 편안함을 구하지 않는다.

得無楚之水土, 使民善盜耶. <晏子春秋>

초나라의 물과 토양이, 백성으로 하여금 도둑질(도盜)을 잘하게 하는 것이 아니라 할 수 있겠습니까(야耶).

賓客不來門戶俗, 詩書無敎子孫愚. <明心寶鑑>

빈객賓客이 오지 않으면 집안이 비속卑俗해지고, 시서詩書를 가르치지 않으면 자손이 어리석어진다(우愚).

20. 微(미)

① 작다·미세하다·자세하다.

謹德, 須謹於至微之事. <菜根譚>

덕행을 삼감은(근謹), 모름지기 지극히(지至) 작은 일을 삼가야 한다.

憂患生於所忽, 禍起於細微. <說苑>

우환憂患은 소홀所忽한 데서 생기고, 재앙災殃은 미세微細한 곳에서 일어난다.

居常至微細事, 教之必有法度. <小學>

평상시(거상居常) 미세한 일에 이르기까지도, 그녀를 가르침에 반드시 법도法度가 있었다.

② 적다 · 약하다 · 조금.

德微而位尊, 智小而謀大, 無禍者鮮矣. <易經>

덕은 적으면서 지위地位가 높으며, 지혜智慧는 작으면서 꾀하는(모謀) 것이 크면, 화禍가 없을 자가 드물다(선鮮).

花看半開, 酒飮微醉, 此中大有佳趣. <菜根譚>

꽃은 반쯤 피었을 때 보고 술은 약간 취醉하는 정도로 마신다. 이런 중에 아주 좋은 멋(취醉)이 있다.

力微休負重, 言輕莫勸人. <增廣賢文>

힘이 약하면 무거운 것을 지지(부負) 말고(휴休), 말이 가벼우면 남에게 조언하지 마라.

③ 미천하다.

邴吉, 有陰德於孝宣皇帝微時. <說苑>

병길邴吉이 효선황제孝宣皇帝가 미천微賤할 때에 음덕陰德을 베푼 일이 있었다.

虞舜側微, 堯聞之聰明, 將使嗣位, 歷試諸難. <書經>

우순虞舜은 측미側微(미천微賤)하였는데, 요堯임금이 그의 총명聰明을 듣고, 장차 제위帝位를 이어받게(사위嗣位) 하려고, 어려운 일을 두루(력歷) 시험하였다. *諸(저)~을 ~에게.<지어之於>

苟或須臾之頃, 還其所借, 則萬邦之君爲獨夫, 百乘之家爲孤臣,
況**微**者邪. <借馬說>
만약(구苟) 혹 잠깐(수유須臾) 사이(경頃)에 빌린(차借) 것을 돌려
주면, 만방萬邦의 임금도 외로운 독부獨夫가 되고, 백승百乘의 대
부도 고신孤臣이 되는데, 하물며(황況) 미천한 자임에랴(야邪).

④ 몰래·은밀히.

帝與共論朝臣, **微**觀其意. <後漢書>
광무제光武帝는 조정의 신하들과 함께(공共) 논의하며, 은밀히 누
이(호양공주湖陽公主)의 뜻을 살펴보았다.

諸將**微**聞其計, 以告項羽. <史記>
여러(제諸) 장수들이 몰래 그들의 계획計劃을 듣고, 항우項羽에게
알렸다.

司馬喜新與季辛惡, 因**微**令人殺爰騫. <韓非子>
사마희司馬喜가 최근 계신季辛과 사이가 나빠져, 이로 말미암아
은밀히 사람으로 하여금 원건爰騫을 죽이게 했다.

⑤ ~이 아니라면(없으면). 〈가정〉

☞ '그렇지 않은 것'을 가정할 때 '미微'를 써서 표현한다.
向**微**太公, 伯夷其免矣乎. <伯夷論>
접때(향向) 태공太公이 아니었다면, 백이伯夷가 죽음을 면免하였
겠는가.

向微郭子儀之忠, 李光弼之智, 則天下已非唐有. <通鑑節要>

지난날 곽자의郭子儀의 충성과 이광필李光弼의 지혜가 아니었다면, 천하는 이미 당唐나라의 소유가 아니었을 것이다.

雖有乙支文德之智略, 張保皐之義勇, 微中國之書,

則泯滅而無聞. <三國史記>

비록 을지문덕乙支文德의 지략智略과, 장보고張保皐의 의로운 용기가 있었을지라도, 중국의 책이 없었다면, 사적이 없어져서(민멸泯滅) 알려지지(문문聞) 않았을 것이다.

21. 夫(부)

① 지아비·남편.

老而無夫, 曰寡. <孟子>

늙어서 남편이 없는 이를, 과부寡婦라 한다.

賢婦令夫貴, 佞婦令夫賤. <明心寶鑑>

어진 아내는 남편을 귀하게 하고, 간사한(녕佞) 아내는 남편을 천賤하게 한다. *令(령)~로 하여금 ~하게 하다.<사역>

臣疑其君, 無不危國, 妾疑其夫, 無不危家. <史記>

신하가 그의 임금을 의심疑心하면, 나라를 위태危殆롭게 하지 않을 수 없고, 첩妾이 그의 남편을 의심하면, 집안을 위태롭게 하지

않을 수 없다. *無不(무불)~하지 않을 수 없다.<이중부정>

② 사내·장정.

逐率子孫, 荷擔者三夫. <列子>

마침내(수遂) 자손을 거느리니(솔率), 짐을 메고 진(하담荷擔) 자
가 세 사내였다.

臣鄰家夫與妻, 俱之田. <說苑>

신의 이웃(린鄰)집 사내와(여與) 그의 아내가, 함께(구俱) 뽕나무
밭에 갔다(지之).

丈夫處世兮, 其志大矣. <安重根詩>

장부가 처세處世함이여(혜兮), 그 뜻이 크도다(의矣).

③ 저·그. 〈지시대명사〉

☞ '부夫'는 피수식어가 있으면 지시대명사, 없으면 인칭대명
　사이다.

汝不知夫螳螂乎. <莊子>

당신(여汝)은 저 사마귀(당랑螳螂)를 모르십니까.

客亦知夫水與月乎. <前赤壁賦>

객은 또한 저 물과(여與) 달을 아는가.

食夫稻, 衣夫錦, 於女安乎. <論語>

저 쌀밥(도稻)을 먹고, 저 비단옷(금錦)을 입는 것이, 너(여女)에게
편안하느냐.

④ 저·그 〈인칭대명사/3인칭〉

夫不惡女乎. <左傳>

그(태자太子)가 너(여女)를 미워하지(오惡) 않느냐.

使**夫**往而學焉, **夫**亦愈知治矣. <左傳>

그로 하여금 가서 배우게 한다면, 그 또한 점차(유愈) 다스림을
알 것이다.

夫且爲我危, 故吾得與之皆安. <漢書>

저 사람이 장차 나를 위하여 위험危險을 무릅쓸 것이기 때문에,
내가 그(지之)와 모두 편안해질 수 있는 것이다.

⑤ 대저·무릇. 〈부사/발어〉

夫爲人子者, 出必告, 反必面. <禮記>

무릇 사람의 자식 된 자는, 나갈 때에는 반드시 부모님께 아뢰고,
돌아와서도 반드시 얼굴을 뵙는다.

夫功之成, 非成於成之日, 蓋必有所由起. <管仲論>

대저 공功을(지之) 이룸은, 이루어진 날에 이루어지는 것이 아니
라, 대개(개蓋) 반드시 말미암아 일어난 바가 있다.

夫飛鳥之摯也, 俛其首, 猛獸之攫也, 匿其爪. <淮南子>

대저 나는 새가 먹이를 낚아챌(지摯) 때에는, 그 머리를 숙이고
(면俛), 맹수猛獸가 먹이를 움켜잡을(확攫) 때에는, 그 발톱(조爪)
을 숨긴다(익匿).

⑥ ~도다·~구나. 〈종결사/감탄〉

逝者如斯夫, 不舍晝夜. <論語>

가는(서逝) 것은 이것(사斯)과 같을진저, 밤낮을 그치지(사舍) 않도다.

君之所讀者, 故人之糟魄已夫. <莊子>

그대(군君)가 읽는 것은, 옛사람의 찌꺼기(조백糟魄·조박糟粕)일 뿐이도다.

苗而不秀者有矣夫, 秀而不實者有矣夫. <論語>

싹은 났으나(묘苗) 꽃이 피지(수秀) 못하는 경우도 있고, 꽃은 피었으나 열매를 맺지(실實) 못하는 경우도 있도다.

22. 負(부)

① 지다. 〈짐·책임·빚 등〉

聞人之惡, 如負芒刺. <明心寶鑑>

남의 좋지 못한 것을 들으면, 가시(망자芒刺)를 몸에 진 것처럼 하여야 한다(여如).

肉袒負荊, 因賓客至藺相如門. <史記>

윗옷을 벗고(육단肉袒) 가시나무(형荊)를 등에 지고, 빈객賓客으로 인상여藺相如의 집 문에 이르렀다. *肉袒負荊(육단부형)잘못을 크게 뉘우침.

夫亦以爲然, 乃負兒與鍾而還家. <三國遺事>
남편(부夫) 또한 그렇게 여겨(이위以爲), 이에 아이와(여與) 종鍾을 지고 집으로 돌아왔다(환還).

② 업다.

遭天下亂, 盜賊並起, 革負母逃難. <小學>
천하에 난리를 만나(조遭) 도적盜賊이 함께 일어나자, 강혁江革이 어머니를 업고 피난避難(도난逃難)하였다.

負子而登牆, 謂之不祥, 爲其一人隕而兩人傷. <淮南子>
자식을 업고 담(장牆)에 오르는 것을, 상서祥瑞롭지 못하다고 이른다. 그 한 사람이 떨어지면(운隕) 두 사람이 다치기(상傷) 때문이다(위爲).

今龍女被病, 須兎肝爲藥, 故不憚勞, 負爾來耳. <三國史記>
지금 용왕의 딸이 병에 걸려(피병被病), 모름지기 토끼의 간肝이 약이 된다고 하여, 그러므로(고故) 수고로움을 아끼지(탄憚) 않고, 너(이爾)를 업고 올 뿐이다(이耳).

③ 저버리다·어기다.

心不負人, 面無慙色. <明心寶鑑>
마음으로 남을 저버리지 않았으면, 얼굴에 부끄러운(참慙) 빛이 없다.

漢王先入咸陽, 項王**負**約不與. <史記>

한왕漢王이 먼저 함양咸陽에 입성하자, 항왕項王은 약속約束을 저버리고, 한왕에게 함양을 주지(여與) 않았다.

寧教我**負**天下人, 休教天下人**負**我. <三國志演義>

차라리(녕寧) 나로 하여금 천하 사람을 등지게 할지언정, 천하 사람으로 하여금 나를 등지게 하지 않겠다(휴休). *教(교)~하여금 ~하게 하다.<사역>

④ 지다 · 패하다.

互相勝**負**, 經旬不解. <三國史記>

서로(호상互相) 이기고 지고 하여, 열흘(순旬)이 지나도록(경經) 해결解決되지 않았다.

不知彼而知己, 一勝一**負**. <孫子>

상대(피彼)를 알지 못하고 자기를 알면, 한 번 이기고 한 번 진다.

考其功之多少, **負**者置酒食, 以謝勝者. <三國史記>

일의 많고 적음을 헤아려(고考), 진 편에서 술과 음식을 마련하여(치置), 이긴 편에 사례謝禮하였다.

⑤ 믿다 · 자부하다.

秦貪, **負**其彊, 以空言求璧. <史記>

진나라는 탐욕貪慾스러워, 자신의 강함(강彊)을 믿고, 공언空言으로 벽옥璧玉을 요구要求하였다.

彼必自**負**其材, 故受辱而不羞. <史記>

그(피彼)는 필시 자신의 재주를 믿었기 때문에, 욕辱을 당하였지만(수受) 부끄러워하지(수羞) 않았다.

若負彊恃勇, 觸情恣欲, 雖得天下, 必復失之. <後漢書>
만약(약若) 강함(강彊)과 용맹勇猛을 믿고(부시負恃), 감정대로 행하고 욕심대로 하면, 비록(수雖) 천하를 얻을지라도, 반드시 다시(부復) 잃을 것이다.

⑥ 등지다.

曾子肅然而懼, 摳衣而退, 負席而立. <孔子家語>
증자曾子는 숙연肅然히 송구悚懼스러워하며, 옷자락을 여미고(구의摳衣) 물러나, 자리를 등지고 서 있었다.

齊負海而縣山, 縱不能全收天下, 誰干我君. <說苑>
제齊나라는 바다를 등지고 산이 솟아 있으니, 비록(종縱) 천하를 다(전全) 점유할(수收) 수 없을지라도, 누가 우리 임금을 범하겠습니까(간干).

且使我有雒陽負郭田二頃, 吾豈能佩六國相印乎. <史記>
가령(차사且使) 나(소진蘇秦)에게 낙양雒陽에 성곽城郭을 등진 밭두 이랑(경頃)만 있었던들, 내가 어찌 육국六國 재상宰相의 인수印綬를 찰(패佩) 수 있었겠는가.

23. 非(비)

① 그르다 · 잘못.

☞ '비非'는 '시是<옳다>'의 상대개념으로 '옳지 않다'는 의미이다.

以暴易暴兮, 不知其非矣. <史記>
포악함(暴惡)으로 포악함을 바꿈(역易)이여(혜兮), 그 잘못을 알지 못하도다.

奚必伯夷之是, 而盜跖之非乎. <莊子>
어찌(해奚) 반드시 백이伯夷가 옳고(시是), 도척盜跖이 그르겠는가.

伯夷之非武王, 非非其擧也, 明其義而已矣. <伯夷論>
백이伯夷가 무왕武王을 그르다고 한 것은, 그 거사擧事를 그르게 여긴 것이 아니요, 그 의리를 밝혔을 따름이다.

② 아니다. 〈보조사/부정〉

☞ '비非' 뒤에 술어<동사 · 형용사>가 오면 술어를 부정하는 보조사이다.

吾非至於子之門, 則殆矣. <莊子>
내가 그대의 문하에 이르지 않았다면, 위태危殆로웠을 것이다.

非高, 亦非遠, 都只在人心. <明心寶鑑>
높지도 않고, 또한 멀지도 않고, 모두(도都) 다만(지只) 사람의 마음속에 있을 뿐이다.

非附靑雲之士, 惡能施於後世哉. <史記>

청운지사靑雲之士(학덕 높은 선비)를 가까이하지(부附) 않는다면, 어찌(오惡) 후세에 베풀(시施) 수 있겠는가.

③ ~이 아니다. 〈연계동사〉

☞ '비非'는 주어와 보어<명사·명사구> 사이에 놓여 이를 연결하는 역할을 하는 연계동사로, 명사나 명사구를 부정하는 형식이다. 일반 동사와 달리 동작성은 없고, 판단작용을 한다.

天之亡我, 非戰之罪也. <史記>

하늘이 나를 망하게 하려는 것이지, 전쟁을 잘못한 죄가 아니다.

臣是鷄林之臣, 非倭國之臣. <三國遺事>

신은 신라(계림鷄林)의 신하이지(시是), 왜국倭國의 신하가 아니다.

人非生而知之者, 孰能無惑. <師說>

사람은 나면서 아는 자가 아닌데, 누가(숙孰) 의혹疑惑이 없을 수 있겠는가.

24. 使(사·시)

① ~로 하여금 ~하게 하다. 〈사역〉

☞ '사使'은 사역동사로, '使+ⓐ(대상)+ⓑ(용언)'의 형태이며,

'ⓐ에게 명하여 ⓑ하게 하다.'로 풀이한다.

若使天下兼相愛, 國與國不相攻. <墨子>

천하로 하여금 아울러(겸兼) 서로 사랑하게 한다면, 나라와(여與) 나라가 서로 치지(공攻) 아니할 것이다.

使民養生喪死無憾也, 王道之始也. <孟子>

백성으로 하여금 산 사람을 봉양奉養하고, 죽은 이의 초상初喪을 치름에 섭섭함(감憾)이 없게 하는 것이, 왕도王道(인과 덕을 바탕으로 하는 정치)의 시작이다.

使虎釋其爪牙, 而使狗用之, 虎則反服於狗矣. <韓非子>

호랑이로 하여금 그 발톱(조爪)과 어금니(아牙)를 풀게(석釋) 하고, 개(구狗)로 하여금 이를 사용하게 한다면, 호랑이는 도리어(반反) 개에게 굴복屈服당할 것이다.

② 부리다·시키다.

疑人勿使, 使人勿疑. <金史>

남을 의심疑心하거든 부리지 말고, 남을 부렸거든 의심하지 마라.

君使臣以禮, 臣事君以忠. <論語>

임금은 예禮로 신하를 부리고, 신하는 임금을 충忠으로 섬겨야(사事) 한다.

李斯使人, 遺非藥, 使自殺. <史記>

이사李斯는 사람을 시켜, 한비韓非에게 독약毒藥을 보내어(견遺), 자살自殺하게 하였다.

③ 사신 · 사자.

文德又遣使詐降. <三國史記>

을지문덕乙支文德은 또 사신을 보내어 거짓으로(사詐) 항복降伏하
게 하였다. *遣(견)보내어 ~하게 하다.<사역>

一朝隨漢使, 遠嫁單于國. <明妃曲>

하루아침에 한漢나라 사신을 따라(수隨), 멀리 선우국單于國으로
시집갔다(가嫁).

趙誠發使, 尊秦昭王爲帝, 秦必喜罷兵去. <史記>

조趙나라가 진실로(성誠) 사신을 내어, 진秦나라 소왕昭王을 높여
황제로 여긴다면, 진나라는 틀림없이 기뻐하며 병사를 거두어(파
罷) 떠날 것입니다.

④ 가령 · 만약. 〈가정〉

使六國各愛其人, 則足以拒秦. <阿房宮賦>

가령 육국六國이 각각 그 백성을 사랑하였다면, 진秦을 막을(거
拒) 수 있었을 것이다. *六國(육국)전국시대戰國時代 진秦을 제외
한, 제齊 · 초楚 · 연燕 · 조趙 · 위魏 · 한韓 등 여섯 나라.

使我得此人以自輔, 豈有今日之勞乎. <史記>

만약 내가 이 사람을 얻어 스스로 보필輔弼했다면, 어찌 오늘의
수고로움(로勞)이 있었겠는가.

如有周公之才之美, **使**驕且吝, 其餘不足觀也已. <論語>

만약(여如) 주공周公 같은 재주의 아름다움을 가지고도, 가령 교
만驕慢하고(차且) 인색吝嗇하다면, 그 나머지는 볼 것이 없다.

⑤ 사신 가다(보내다). (시)

使於四方, 不辱君命, 可謂士矣. <論語>

사방에 사신으로 가서, 군주의 명을 욕辱되게 하지 않으면, 선비
라 말할 수 있다.

孰能爲我使淮南, 使之發兵背楚. <漢書>

누가(숙孰) 나를 위하여 회남淮南으로 사신 가, 그들로 하여금 군
사를 일으켜(발병發兵) 초楚나라를 배반背叛하게 할 수 있겠는가.

韓王始不用非, 及急, 乃遣非使秦. <史記>

한왕韓王은 처음에 한비韓非를 등용하지 않았으나, 다급해지자,
곧(내乃) 한비로 하여금 진秦나라에 사신 가게 하였다.

25. 師(사)

① 스승.

人之患, 在好爲人師. <孟子>

사람의 병통(환患)은, 남의 스승 되기 좋아하는 데에 있다.

弟子不必不如師, 師不必賢於弟子. <師說>

제자가 반드시 스승만 못한 것은 아니고, 스승이 반드시 제자보다
어진 것은 아니다. *不必(불필)반드시 ~한 것은 아니다.<부분부정>

不善學者, **師**勤而功半, 又從而怨之. <禮記>

배우기를 잘하지 못하는 사람은, 스승이 부지런히 하여도 공功은 반이고, 또 따라서(종從) 스승을 원망怨望한다.

② 군사.

令外白稍嚴, 操於此迴**師**. <後漢書>

외백外白으로 하여금 조금도(초稍) 빈틈없게(엄嚴) 하고, 조조曹操는 이에 군사를 돌렸다(회迴). *令(령)~로 하여금 ~하게 하다.<사역>

姑盟而退, 修德息**師**而來, 終必獲鄭. <左傳>

잠시(고姑) 맹약盟約을 맺고 물러나 있다가, 덕을 닦고 군사를 쉬게 하고 온다면, 마침내(종終) 반드시 정鄭나라를 얻을(획獲) 수 있을 것입니다.

以萬乘之國, 伐萬乘之國, 簞食壺漿, 以迎王**師**, 豈有他哉. <孟子>

만승萬乘의 나라로 만승의 나라를 정벌征伐하였는데, 단사호장簞食壺漿으로 왕의 군대를 환영歡迎함은, 어찌 다른 이유가 있겠습니까. *簞食壺漿(단사호장)도시락에 담은 밥과 병에 담은 음료수라는 뜻으로, 간소한 음식을 마련하여 군대를 환영함을 이름.

③ 서울.

☞ '시師'는 '경京'과 연용하여 '경사京師'로 쓴다.

武以始元六年春, 至**京師**. <漢書>

소무蘇武는 시원始元 6년 봄에, 서울에 이르렀다.

萬德一帆踔雲海萬頃, 以丙辰秋入京師. <樊巖集>

만덕萬德은 하나의 돛단배(범帆)로 만경萬頃의 운해雲海를 건너(탁踔), 병진丙辰년 가을에(이以) 서울에 들어왔다.

文房四寶, 皆儒者所須, 唯墨成之最艱, 然京師萬寶所聚,
求之易得. <破閑集>

문방사보文房四寶는 다 선비에게 필요한(수須) 것인데, 오직 먹을 만드는 일이 가장 어렵다(간艱). 그러나(연然) 서울은 많은 보물이 모이는(취聚) 곳이므로, 이를 구하자면 구하기 쉽다(이易).

26. 相(상)

① 서로.

教學相長也. <禮記>

가르치는 것과 배우는 것이 서로를 성장成長시킨다.

煮豆燃豆萁, 豆在釜中泣, 本是同根生, 相煎何太急. <曹植詩>

콩을 삶는(자煮) 데 콩깍지(기萁)를 태우니(연燃), 콩이 솥(부釜) 안에서 울고 있네, 본래 한 뿌리에서 났는데, 서로 볶는(전煎) 것이 어찌 그리 급한가. *煮豆燃豆萁(자두연두기)형제끼리 다툼을 이름.

兩雄不俱立, 楚漢久相持不決, 百姓騷動, 海內搖蕩. <史記>

두 영웅이 함께(구俱) 설 수는 없으니, 초楚와 한漢이 오랫동안
서로 대치하고(지持) 승패가 결정決定되지 않는다면, 백성들은 소
동騷動하고, 천하가 흔들려 움직일(요탕搖蕩) 것이다. *不俱(불구)
함께 ~하지는 못하다.<부분부정>

② 보다. 〈관찰·점·상〉

相馬失之瘦, 相士失之貧. <史記>

말을 감정함에 그 여윔(수瘦)으로 잃고(실失), 선비를 봄에 그 가
난함으로 잃는다.

凡人不可逆相, 海水不可斗量. <明心寶鑑>

무릇(범凡) 사람은 미리(역逆) 점칠 수 없고, 바닷물은 말(두斗)로
헤아릴(량量) 수 없다.

相彼鳥矣, 猶求友聲, 矧伊人矣, 不求友生. <詩經>

저(피彼) 새를 보건대, 오히려(유猶) 벗을 찾는(구求) 소리를 하는
데, 하물며(신矧) 사람이 벗(우생友生)을 찾지 않는가.

③ 돕다·도움.

管仲相桓公. <論語>

관중管仲이 환공桓公을 도왔다.

人主無賢, 如瞽無相. <荀子>

임금이 현인이 없음은, 맹인(고瞽)이 안내자가 없는 것과 같다.

周公**相**成王, 制禮作樂, 然後敎化大行. <孟子>

주공周公이 성왕成王을 도와, 예를 짓고 음악을 만든 연후然後에, 교화敎化가 크게 행해졌다.

④ 정승.

將門必有將, **相**門必有**相**. <史記>

장군將軍의 가문에는 반드시 장군이 나고, 재상宰相의 가문에는 반드시 재상이 나온다.

無藥可醫卿**相**壽, 有錢難買子孫賢. <明心寶鑑>

약藥으로도 재상(경상卿相)의 목숨을 고칠(의醫)수 없고, 돈(전錢)이 있어도 자손의 어짊을 사기(매買)가 어렵다.

仕宦而至將**相**, 富貴而歸故鄕, 此人情之所榮. <相州晝錦堂記>

벼슬하여(사환仕宦) 장상將相에 이르고, 부귀해져 고향에 돌아감, 이는 인정人情이 영화榮華롭게 여기는 것이다.

27. 嘗(상)

① 맛보다.

未諳姑食性, 先遣小姑**嘗**. <王健詩>

시어머니(고姑) 식성을 아직 알지(암諳) 못하여, 먼저 시누이(소고

小姑)에게 맛보게 하였다.

懸膽於坐, 臥卽仰膽**嘗**之曰. <十八史略>

자리에 쓸개(담膽)를 매달고(현懸), 누우면(와臥) 곧 쓸개를 우러러(앙仰) 맛보며 말하였다. *臥薪嘗膽(와신상담)섶에 누워 자고 쓴 쓸개를 맛보다는 뜻으로, 원수를 갚으려고 온갖 괴로움을 참고 견딤.

是固嘗矯駕吾車, 又**嘗**我以餘桃. <韓非子>

이놈은 진실로(고固) 일찍이(상嘗) 위법으로(교矯) 과인의 수레를 탔고(가駕), 또한 먹다 남은 복숭아를(이以) 나에게 맛보게 했다.

② 일찍이. 〈부사/시간〉

☞ '상嘗'은 부사로 과거의 경험을 나타낸다.

吾**嘗**三仕, 三見逐於君. <史記>

나는 일찍이 세 번 벼슬하였으나, 세 번 임금에게 쫓김(축逐)을 당하였다(견見).

家貧無油, **嘗**映雪讀書. <晉書>

집이 가난해 기름(유油)이 없어, 일찍이 눈에 비추어(영映) 책을 읽었다.

吾**嘗**終日不食, 終夜不寢, 以思無益, 不如學也. <論語>

내 일찍이 종일토록 밥을 먹지 않으며, 밤새도록 자지(침寢) 않고서, 생각하니 이로움이 없었다. 배우는 것만 같지 못하였다.

③ 늘·항상.

☞ '상嘗'은 '상常<항상>'과 같은 의미이다.

奢者心**嘗**貧, 儉者心**嘗**富. <譚子化書>

사치奢侈하는 사람은 마음이 늘 가난하고, 검소儉素한 사람은 마음이 늘 넉넉하다.

廣所居郡聞有虎, **嘗**自射之. <史記>

이광李廣은 근무하는 고을에서 호랑이가 있다는 것을 들으면, 늘 자신이 호랑이를 쏘았다(사射).

招致諸侯遊士及有罪亡人, 皆厚遇之, 食客**嘗**數千人. <通鑑節要>

제후들에게 유세遊說하는 선비와(급及) 죄가 있어 도망逃亡하는 사람들을 초치招致하여, 모두 후厚하게 대우待遇하니, 식객食客이 항상 수천 명이었다.

④ 시험 삼아.

☞ '상嘗'이 '시試'와 연용하여 '상시嘗試'로 쓰는 경우가 많다.

若必有以也, **嘗**以語我來. <莊子>

너(약若)는 반드시 이유(이以)가 있을 것이니, 시험 삼아 나에게 말해 보아라.

人皆有七竅, 以視聽食息, 此獨無有, **嘗試**鑿之. <莊子>

사람들은 모두 일곱 개의 구멍(규竅)이 있어, 보고 듣고 먹고 숨쉬는데, 이것(혼돈混沌)만이 없으니, 시험 삼아 구멍을 뚫어 줍시다(착鑿).

嘗試使臣彼之善者我能以爲卿相, 彼不善者我得以斬其首,
何故而不治. <韓非子>

시험 삼아 신臣으로 하여금 저들 가운데 선자善者를 제가 경상卿
相으로 삼을(위爲) 수 있고(능이能以), 저 불선不善한 자를 제가
그 머리를 벨(참斬) 수 있게(득이得以) 하였다면, 무슨 이유(하고
何故)로 다스리지 못했겠습니까.

28. 庶(서)

① 뭇 · 여러 · 많다.

旣庶矣, 又何加焉. <論語>

이미 백성들이 많으면, 또 무엇을(하何) 더해야(가加) 합니까(언焉).

舜明於庶物, 察於人倫, 由仁義行. <孟子>

순舜임금은 뭇 사물에 밝았고, 인륜人倫을 살펴, 인의仁義를 좇아
(유由) 행하였다.

庶草茂則禽獸歸之, 人主賢則豪桀歸之. <呂氏春秋>

뭇 풀이 무성茂盛하면 금수禽獸가 돌아오고, 군주가 현명하면 호
걸豪桀이 귀의歸依한다.

② 평민・백성.

☞ '서庶'는 '인人'과 연용하여 '서인庶人'으로 쓴다.

君子贈人以言, 庶人贈人以財. <荀子>

군자는 말을 사람에게 주고(증贈), 서인庶人은 재물財物을 사람에게 준다.

自天子以至於庶人, 壹是皆以修身爲本. <大學>

천자로부터 서인에 이르기까지, 하나같이(일시壹是) 모두 수신修身을 근본根本으로 삼는다.

學則庶人之子爲公卿, 不學則公卿之子爲庶人. <柳屯田勸學文>

배우면 서인의 자식도 공경公卿이 되고(위爲), 배우지 아니하면 공경의 자식도 서인이 된다.

③ 서출.

大夫之喪, 庶子不受弔. <禮記>

대부大夫의 상사喪事에, 서자庶子는 조문弔問을 받지(수受) 않는다.

子楚秦諸庶孽孫, 質於諸侯. <史記>

자초子楚는 진秦나라의 여러(제諸) 서얼庶孽의 손자로, 제후에게 볼모(질質)가 되었다. *庶孽(서얼)첩의 자손을 이르는 말로, 양인 신분인 첩의 자손을 서庶, 노비 신분인 첩의 자손을 얼孽이라 함.

宋子姓, 商紂庶兄微子啓之所封也. <十八史略>

송宋나라는 자씨子氏 성姓으로, 상商의 주왕紂王의 서형庶兄 미자계微子啓가 봉封해진 곳(소所)이다.

④ 바라다.

☞ '서庶'는 '기幾'와 연용하여 '서기庶幾'로 쓰기도 한다.

誰能久不顧, 庶往共饑渴. <杜甫詩>

누가 오래 돌아보지(고顧) 않을 수 있겠는가, 가서 굶주림(기饑)과 목마름도(갈渴) 함께하기 바랐네.

庶竭駑鈍, 攘除姦凶, 興復漢室, 還於舊都. <前出師表>

바라옵건대 노둔駑鈍하나마, 제 힘을 다해 간흉姦凶을 물리치고(양제攘除), 한漢 왕실을 부흥復興하여 옛 도읍지로 돌아가는 것입니다.

王庶幾改之, 王如改諸, 則必反予. <孟子>

왕이 마음을 고치기를 바랐으며, 만약 왕이 마음을 고쳤다면, 반드시 나(여予)를 되돌렸을 것이다.

⑤ 가깝다.

☞ '서庶'는 '기幾'와 연용하여 '서기庶幾'로 쓰기도 한다.

回也, 其庶乎. <論語>

안회顔回가 아마(기其) 도道에 가까우리라.

庶幾中庸, 勞謙謹勅. <千字文>

중용中庸에 가까워지려면, 근로勤勞하고 겸손謙遜하며 삼가고(근謹) 신칙申飭하여야 한다.

耳不聞人之非, 目不視人之短, 口不言人之過, 庶幾君子. <明心寶鑑>

귀로는 남의 나쁜 것(비非)을 듣지 말고, 눈으로는 남의 단점短點을 보지 말고, 입으로는 남의 허물(과過)을 말하지 않아야, 군자에 가깝다.

⑥ 거의.

☞ '서庶'는 '기幾'와 연용하여 '서기庶幾'로 쓰기도 한다.

聽用我謀, **庶**無大悔. <詩經>

나의 계책(모謀)을 듣고 쓴다면, 거의 큰 후회後悔는 없으리라.

猫項若懸鈴子, **庶**得聞聲而遁死矣. <禦眠楯>

만약(약若) 고양이 목에 방울(영자鈴子)을 매달면(현懸), 거의(서庶) 소리를 듣고서 죽음을 피할(둔遁) 수 있을 것이다. *猫項懸鈴(묘항현령)이론은 맞으나 실행할 수 없는 공론.

天下以爲太平之治, **庶幾**可望焉. <通鑑節要>

천하에서는 태평太平의 정치를, 거의 바랄(망望) 수 있을 것이라고 생각하였다.

須心潛默識玩索久之, **庶幾**自得. <近思錄>

모름지기 심잠心潛하여 묵식默識하고 완색玩索하기를 오래 하면, 거의 스스로 얻어지게 되는 것이다.

29. 善(선)

① 착하다·선하다.

愛而知其惡, 憎而知其**善**. <禮記>

사랑하면서도 그 나쁨을 알고, 미워하면서(증憎)도 그 선함을 안다.

鳥之將死, 其鳴也哀, 人之將死, 其言也善. <論語>

새가 죽으려고 할 때는, 그 울음소리가 애처롭고, 사람이 죽으려 할 때에는, 그 말이 선하다.

上品之人不教而善, 中品之人教而後善, 下品之人教亦不善. <小學>

상품上品의 사람은 가르치지 아니하여도 착하고, 중품中品의 사람은 가르친 뒤에 착하고, 하품下品의 사람은 가르쳐도 또한 착하지 않다.

② 잘하다. 〈동사〉

齊人固善盜乎. <晏子春秋>

제齊나라 사람들은 본디(고固) 도둑질(도盜)을 잘합니까.

伯牙善鼓琴, 鍾子期善聽. <列子>

백아伯牙는 거문고 타기(고鼓)를 잘하고, 종자기鍾子期는 듣기를 잘하였다.

申氏幼時通經史, 善書畵. <東溪雜錄>

신사임당申師任堂은 어려서 경사經史에 능통能通하고, 서화書畵를 잘하였다.

③ 잘되다·훌륭하다.

善哉. 技蓋至此乎. <莊子>

훌륭하도다. 재주(기技)가 어떻게(개蓋) 이런 경지에까지 이르렀는가.

蔬之將善, 兩葉可辨. <耳談續纂>

나물(소蔬)이 장차 잘될 것은, 떡잎으로 분별할(변辨) 수 있다.

善哉。爲喪乎, 足以爲法也. <孔子家語>

훌륭하다. 상喪을 치름이여, 본보기(법法)가 될 만하도다.

④ 좋다.

長袖善舞, 多錢善賈. <韓非子>

소매(수袖)가 길면 춤추기(무舞)에 좋고, 돈(전錢)이 많으면 장사(고賈)하기가 좋다. *長袖善舞(장수선무)일을 함에 있어서도 조건이 좋은 사람이 유리함.

多多益善, 何以爲我禽. <十八史略>

많으면 많을수록 더욱 좋다 하면서, 어째서(하이何以) 나에게 붙잡히게(금禽・금擒) 되었느냐.

百戰百勝, 非善之善者, 不戰而屈人之兵, 善之善者也. <孫子>

백전백승百戰百勝이 좋은 것 중의 좋은 것이 아니고, 싸우지 아니하고 남의 병사를 굴복屈伏시킴이 좋은 것 중의 좋은 것이다.

⑤ 잘・교묘히. 〈부사〉

善建者不拔, 善抱者不脫. <老子>

잘 세운 것은 뽑히지(발拔) 않고, 잘 안(포抱)은 것은 벗어나지(탈脫) 않는다.

忠告而善道之, 不可則止, 無自辱焉. <論語>

진심으로 말해 주고 잘 인도引導하되(도道), 불가不可하면 그만두어서, 스스로 욕辱됨이 없게 하여야 한다.

善用兵者, 屈人之兵, 而非戰也. <孫子>
병법兵法을 잘 쓰는 자는, 적의 군대를 굴복屈伏시키지만, 전쟁戰爭을 하지 않는다.

荊軻旣至燕, 愛燕之狗屠及**善**擊筑者高漸離. <史記>
형가荊軻는 이미 연燕나라에 이르러, 연나라의 개백정(구도狗屠) 및(급及) 축筑을 잘 타는(격擊) 사람인 고점리高漸離와 친하게 지냈다(애愛).

30. 說(설 · 세 · 열)

① 말씀 · 말하다. (설)

無益之言, 莫妄**說**. <明心寶鑑>
이롭지 않은 말을, 함부로(망妄) 말하지 말라.

來**說**是非者, 便是是非人. <明心寶鑑>
와서 시비是非를 말하는 자가, 곧(변便) 시비하는 사람이다(시是).

博學而詳**說**之, 將以反**說**約也. <孟子>
널리(박博) 배우고 상세詳細히 말함은, 장차 돌이켜 요점(약約)을 설명하려는 것이다.

② 달래다 · 유세하다. (세)

蘇代爲燕, 說齊. <戰國策>

소대蘇代가 연燕나라를 위하여, 제齊나라에 유세遊說하였다.

韓非作說難之書, 而卒死乎說難. <法言>

한비韓非는 '세난說難'이라는 글을 지었으나, 마침내(졸卒) 유세의 어려움에 의해 죽었다.

乃往見子楚, 說曰, 吾能大子之門. <史記>

이에 가서 자초子楚를 보고 달래어 말했다. "나는 그대(자子)의 가문을 크게 할(대大) 수 있습니다."

③ 기쁘다 · 좋아하다. (열)

學而時習之, 不亦說乎. <論語>

배우고 때로 이를 익히면, 또한 기쁘지 아니한가.

禮不妄說人, 不辭費. <禮記>

예禮는 망령되이 남을 기쁘게 하지 않으며, 말(사辭)을 쓸데없이 하지 않는다.

君子易事, 而難說也, 說之不以道, 不說也. <論語>

군자는 섬기기는(사事) 쉽지만(이易), 기쁘게 하기는 어렵다. 기쁘게 하기를 도道로써 하지 않으면, 기뻐하지 않는다.

31. 所(소)

① 곳・장소.

有一老父衣褐, 至良所. <史記>

베옷(갈褐)을 걸친 어떤 한 노인이, 장량張良이 있는 곳으로 왔다.

北辰居其所, 而衆星共之. <論語>

북극성北極星(북신北辰)이 그곳에 머물러 있으면, 뭇(중衆) 별들이 그에게로 향向한다(공共).

子退之方六歲, 適父所. <國朝人物考>

아들 퇴지退之가 막 여섯 살이었는데, 아버지 처소에 갔다(적適).

② ~하는 것.(곳・일)

☞ '소所'는 다른 말에 기대어 쓰는 의존명사로, 용언류가 뒤에서 수식하여(所+수식어<용언류>) 명사구를 만든다.

己所不欲, 勿施於人. <論語>

자기가 하고 싶지 않은 일을, 남에게 베풀지(시施) 마라(물勿).

天所賦爲命, 物所受爲性. <近思錄>

하늘이 부여賦與한 것이 명命이요(위爲), 물건이 받은(수受) 것이 성性이다.

爲榮爲辱, 視其所友而已. <淮南子>

영화榮華롭게 되고 욕辱되게 됨은, 그가 친구 사귀는 것을 볼 뿐이다(이이而已).

③ 당하다.

☞ 주로 '爲ⓐ所ⓑ'의 형태로 쓰며, 'ⓐ에게 ⓑ당하다'로 풀이
  한다.

千人所指, 無病而死. <漢書>

여러 사람에게 손가락질(지指)을 당하면, 병이 없어도 죽는다.

好憎人者, 亦爲人所憎. <說苑>

남을 미워하기(증憎) 좋아하는 사람은, 또한 남의 미움을 받는다.

先則制人, 後則爲人所制. <史記>

앞서면 남을 제압制壓하고, 뒤서면 남에게 제압당한다.

④ 쯤·정도.

☞ '소所'가 수사數詞 뒤에 위치하여 약수約數(대략의 숫자)를
  나타내며, '여餘·허許' 등과 통한다.

才留三千所兵, 守武昌耳. <三國志>

겨우(재才) 병사 삼천여 명쯤 남아(유留), 무창武昌을 지킬 뿐이었다(이耳).

父去里所, 復還曰, 孺子可教矣. <史記>

노인이 1리쯤 가더니, 다시(부復) 돌아오며(환還) 말했다. "젊은이
(유자孺子)는 가르칠 만하구나."

其巫老女子也, 已年七十, 從弟子女十人所. <史記>

그 무당巫堂은 늙은 여자로, 이미 나이가 칠십이었는데, 따르는
(종從) 여자 제자가 십여 명쯤이었다.

⑤ 관용적 표현.

☞ 所以~ : ~한 것.(방법・까닭)

彼知矉美, 而不知矉之**所以**美. <莊子>

그(피彼)는 눈살을 찌푸리는(빈矉) 것이 아름다운 줄만 알고, 눈살을 찌푸리는 것이 아름다운 이유를 알지 못하였다. *效矉(효빈)찡그림을 본받다는 뜻으로, 자신의 주관을 잊고 맹목적이고 함부로 남을 흉내 냄. 효빈效顰으로도 쓰며, '서시빈목西施矉目, 서시봉심西施捧心'이라고도 함.

親賢臣遠小人, 此先漢**所以**興隆也. <前出師表>

어진 신하를 가까이하고 소인을 멀리함, 이것이 선한先漢(전한前漢)이 융성隆盛한 까닭이다.

吾家貧, 欲有**所以**試. 願從君借萬金. <許生傳>

나의 집이 가난하여, 시험할 것이 있고자 하니, 그대(군君)로부터(종從) 만금萬金을 빌리기(차借)를 원합니다.

☞ 所~者 : ~하는 바의 것.(사람)

'소所+수식어'가 '자者'를 수식하는 형태로 所는 해석하지 않아도 무방하다.

毋自欺三字, 是吾平生**所**自勉**者**. <沙溪遺稿>

무자기毋自欺(자신을 속이지 않음) 세 글자는, 내가 평생 스스로 힘써(면勉) 온 바이다.

所愛**者**, 撓法活之, **所**憎**者**, 曲法誅滅之. <史記>

사랑하는 사람은, 법을 구부려(요撓) 그를 살리고(활活), 미워하는

(증憎) 사람은, 법을 왜곡歪曲시켜 그를 죽여 없앤다(주멸誅滅).

所重者, 在乎色樂珠玉, 而所輕者, 在乎人民也. <上秦皇逐客書>
소중히 여기는 것은 여색과 음악, 구슬과 옥에 있고, 가벼이 여기는 것은 사람에 있다.

☞ 所ⓐ乎(於)ⓑ者 : ⓑ를 ⓐ하는 바의 것. ⓑ를 ⓐ하는 것.

所貴乎講學者, 爲其實用也. <燕巖集>
강학講學(학문을 닦고 연구함)을 귀貴하게 여기는 것은, 그 내용과 응용 때문(위爲)이다.

所貴乎人者, 以其有五倫也. <童蒙先習>
사람을 존귀하게 여기는 까닭은, 오륜五倫이 있기 때문(이以)이다.
*五倫(오륜)부자유친父子有親, 군신유의君臣有義, 부부유별夫婦有別, 장유유서長幼有序, 붕우유신朋友有信.

所貴於立義者, 貴其有行也. <禮記>
의義를 세움을 귀히 여기는 것은, 행함이 있음을 귀히 여기기 때문이다.

32. 數(수·삭·촉)

① 수數.

算計萬物之數, 莫便於九九. <啓蒙篇>

만물의 수를 계산計算하는 것은, 구구단보다(어於) 편리便利한 것
이 없다(막莫). *莫ⓐ於ⓑ : ⓑ보다 ⓐ한 것은 없다.<최상급 비교>

省商賈之數, 罕興力役, 無奪農時. <荀子>

장사꾼(상고商賈)의 수는 줄이며(생省), 역역力役을 드물게(한罕)
일으키고, 농사철을 빼앗지(탈奪) 말아야 한다.

數始於一終於十, 孔子曰, 推一合十爲士. <說文>

수數는 1에서 시작하여 10에서 끝나는데, 공자께서는 "하나를 미
루어(추推) 열에 답答하는 것이 사士이다."라고 하였다.

② 세다·헤아리다.

翻手作雲覆手雨, 紛紛輕薄何須數. <杜甫詩>

손을 뒤집으면(번翻) 구름이 되고, 손을 엎으면(복覆) 비가 되니,
어지럽고(분분紛紛) 경박輕薄함을 어찌 모름지기(수須) 헤아리랴.
*覆雨飜雲(복우번운)인정이 변하기 쉬움을 비유함.

孔墨之後學, 顯榮於天下者衆矣, 不可勝數. <呂氏春秋>

공자孔子와 묵자墨子의 후학으로, 천하에 현영顯榮한 자가 많아
서, 이루 다 헤아릴 수 없다.

量粟而舂, 數米而炊, 可以治家, 而不可以治國. <淮南子>

곡식(속粟)을 헤아려(량量) 방아를 찧고(용舂), 쌀알을 세어서 밥
을 짓는(취炊) 것은, 집안을 다스릴 수 있지만, 나라를 다스릴 수
없다.

③ 몇·두서너.

數間茅屋鏡湖濱, 萬卷藏書不救貧. <陸游詩>

경호鏡湖 물가(빈濱)에 두어 칸 초가(모옥茅屋)요, 만 권의 장서藏書도 가난을 구제救濟하지 못하네.

漢與匈奴和親, 率不過**數**歲, 卽復倍約. <史記>

한나라와(여與) 흉노가 화친和親을 하면, 대략(솔率) 몇 해 지나지 않아, 곧(즉卽) 다시(부復) 약속約束을 저버릴(패倍) 것입니다.

百畝之田, 勿奪其時, **數**口之家, 可以無飢矣. <孟子>

백묘百畝의 토지를 경작함에, 농사철을 빼앗지(탈奪) 않는다면, 여러 식구인 집이, 굶주리지(기飢) 않을 수 있다.

④ 자주. (삭)

多言**數**窮, 不如守中. <道德經>

말이 많으면 자주 궁窮해지니, 중中(허虛·무無)을 지키는 것만 못하다.

信**數**與蕭何語, 何奇之. <史記>

한신韓信은 자주 소하蕭何와 대화를 하였는데, 소하는 그를 뛰어나게 여겼다(기奇).

治大國, 而**數**變法, 則民苦之. <韓非子>

큰 나라를 다스리면서, 자주 법령을 바꾸면(변變), 백성들이 이를 힘들어한다(고苦).

⑤ 촘촘하다. (촉)

數罟不入洿池, 魚鼈不可勝食也. <孟子>

촘촘한 그물(촉고數罟)을 오지洿池(웅덩이로 된 못)에 넣지 않게 한다면, 물고기와 자라(별鼈)를 이루 다(승勝) 먹을 수 없을 것이다.

33. 孰(숙)

① 누구. 〈의문대명사/사람〉

弟子孰爲好學. <論語>

제자 중에서 누가 배우기를 좋아합니까.

聖王有百, 吾孰法焉. <荀子>

성왕聖王이 백 분이나 있는데, 나는 누구를 본받을(법法) 것인가.

政者正也, 子帥以正, 孰敢不正. <論語>

정치란 바로잡음이니, 그대(자子)가 바름으로써 다스린다면(솔帥), 누가 감敢히 바르지 않겠는가.

② 무엇·어느 것. 〈의문대명사/사물〉

創業守成, 孰難. <十八史略>

창업創業과 수성守成에서, 어느 것이 어렵습니까.

人之所有, **孰**爲不借者. <借馬說>

사람이 가지고 있는 것에서, 무엇이(숙孰) 빌리지(차借) 아니한 것인가.

身死, 而陷父於不義, 其不孝**孰**大焉. <孔子家語>

몸이 죽어, 아버지를 불의不義에 빠지게(함陷) 하였다면, 그 불효가 무엇이 이보다(언焉) 크겠는가.

③ 선택형 비교

☞ '與其ⓐ**孰**若ⓑ'나 'ⓐ**孰與**ⓑ'의 형태로 쓰며, 'ⓐ하기보다 ⓑ하는 것이 낫지 않겠는가.'로 풀이한다.

與其有樂於身, **孰若**無憂於心. <送李愿歸盤谷序>

몸에 즐거움이 있기보다, 마음에 근심이 없음이 낫지 않겠는가.

望時而待之, **孰與**應時而使之. <荀子>

때를 바라서 기다리는(대待) 것보다, 때에 응應하여 부리는(사使) 것이 낫지 않겠는가.

不伐賊, 王業亦亡, 惟坐而待亡, **孰與**伐之. <後出師表>

도적盜賊을 토벌討伐하지 않으면, 왕업王業 또한 망할 것이니, 생각건대 앉아서 망하기를 기다리는(대待) 것보다, 그를 치는(벌伐) 것이 낫지 않겠는가.

34. 勝(승)

① 이기다.

欲**勝**人者, 必先自**勝**. <呂氏春秋>

남을 이기고자 하는 사람은, 반드시 먼저 자신을 이겨야 한다.

知彼知己者, 百戰百**勝**. <孫子>

상대방相對方(피彼)을 알고 자기를 아는 자는, 백 번 싸워 백 번 이긴다.

仁之**勝**不仁也, 猶水**勝**火. <孟子>

어진 자가 어질지 못한 자를 이김은, 물이 불을 이기는 것과 같다(유猶).

② 낫다.

德**勝**才者, 謂之君子. <通鑑>

덕德이 재주보다 나은 사람을, 군자라고 이른다.

欲**勝**己者親, 無如改過之不吝. <近思錄>

자기보다 나은 자와 친하고자 한다면, 허물(과過)을 고치기를 인색吝嗇하지 않는 것만 한 것이 없다.

大名豈有鐫頑石, 路上行人口**勝**碑. <明心寶鑑>

큰 이름이 어찌 단단한(완頑) 돌에 새김(전鐫)이 있어야 하는가, 노상路上에서 행인行人의 입이 비석碑石보다 낫도다.

③ 경치 좋다.

勝地本來無定主. <白居易詩>

명승지名勝地는 본래本來 정해진 주인이 없다.

勝地不常, 盛筵難再. <滕王閣序>

명승지는 항상 그대로가 아니며, 성대한 연회(성연盛筵)도 다시
하기(재再) 어렵다.

大同江是西都人送別之渡, 江山形**勝**, 天下絶景. <補閑集>

대동강大同江은 서도西都 사람들이 송별送別하는 나루터(도渡)이
며(시是), 강산 지형의 아름다움이, 천하의 절경絶景이다.

④ 모두·다.

投水死者, 不可**勝**計. <晉書>

물에 빠져 죽는 자를, 이루 다 헤아릴(계計) 수 없었다.

不違農時, 穀不可**勝**食也. <孟子>

농사철을 어기지(위違) 않으면, 곡식穀食을 다 먹을 수 없다.

如臣之輩, 車載斗量, 不可**勝**數. <三國志演義>

저와 같은 무리(배輩)는, 수레로 싣고(재載) 말(두斗)로 헤아려도,
이루 다 셀 수 없습니다. *車載斗量(거재두량)인재나 물건이 아주
많음.

35. 是(시)

① 이 · 이것 · 이곳. 〈지시대명사/근칭〉

今適有知而欺之, 是敎之不信. <小學>

이제 때마침(적適) 지각知覺이 있으려는데 그를 속였으니(기欺), 이는 그에게 불신不信을 가르쳐 주는 것이다.

惡辱而居不仁, 是猶惡濕而居下也. <孟子>

욕辱됨을 싫어하면서(오辱)도 어질지 못함에 처하니, 이는 습濕함을 싫어하면서도 낮은 곳에 거함과 같다(유猶).

君子成人之美, 不成人之惡, 小人反是. <論語>

군자는 남의 아름다움을 이루어 주고, 남의 악을 이루어 주지 않으니, 소인은 이와 반대이다.

② 옳다 · 바르다. 〈형용사〉

覺今是而昨非. <歸去來辭>

지금이 옳고 어제(작昨)는 잘못이었음(비非)을 깨달았다(각覺).

天下之義理無窮, 豈可是己而非人. <退溪集>

천하의 옳은 이치는 무궁無窮한데, 어찌 자기만 옳고 남은 그르다 할 수 있겠는가.

我勝若, 若不吾勝, 我果是也, 而果非也邪. <莊子>

내가 너(약若)를 이기고, 네가 나를 이기지 못한다 하여, 내가 과연果然 옳고, 네(이而)가 과연 그른 것인가.

③ ~이다. 〈연계동사〉

☞ '시是'는 주어와 보어<명사·명사구> 사이에 놓여 이를 연결하는 역할을 하는 연계동사로, 일반 동사와 달리 동작성은 없고, 판단작용을 한다.

五穀以時熟, 是天之事也. <荀子>

오곡五穀이 제때에(이以) 여물게(숙熟) 하는 것은, 하늘의 일이다.

我是朝鮮人, 甘作朝鮮詩. <丁若鏞詩>

나는 조선朝鮮 사람이기에, 달게(감甘) 조선의 시를 짓는다.

口是傷人斧, 言是割舌刀. <明心寶鑑>

입은 사람을 상傷하게 하는 도끼(부斧)요, 말은 혀를 베는(할割) 칼이다.

④ 이에·이 때문에. 〈접속사/인과〉

今韓魏相攻, 期年不解, 是必大國傷, 小國亡. <史記>

지금 한韓나라와 위魏나라가 서로 공격攻擊하고, 한 해가 넘도록 해결解決되지 않았는데, 이에 반드시 대국大國은 상처를 입고, 소국小國은 망할 것입니다.

鄕使文王疎呂尙, 而不與深言, 是周無天子之德. <史記>

만약(향사鄕使) 문왕이 여상呂尙(태공망太公望)을 멀리하여(소疎), 깊은 말을 함께하지 못했다면, 이에 주周나라는 천자의 덕을 베풀 수 없었을 것이다.

紂以其大得人心, 而惡之, 已又輕地以收人心, 是重見疑也. <韓非子>

주왕紂王은 그가(문왕) 인심을 크게 얻었기 때문에(이以), 그를 미워했는데(오惡), 이미 또 땅을 가볍게 여기고 인심을 얻었다. 이 때문에 심하게(중重) 의심疑心을 받았다(견見).

⑤ ~을·를. 〈목적격 조사〉

☞ '시是'가 목적어를 술어 앞으로 도치시키는 역할을 한다.

尺璧非寶, 寸陰是競 <千字文>

한 자 되는 구슬(척벽尺璧)이 보배가 아니요, 촌음寸陰을 다투어야 한다(경競).

旣奉承君子, 惟命是從. <小學>

이미 군자를 받듦에(봉승奉承), 오직(유惟) 명령을 따를(종從) 뿐입니다.

余雖與晉出入, 余唯利是視. <左傳>

나(여余)는 비록 진晉나라와 왕래할지라도, 나는 오직(유唯) 이익利益만을 볼 따름이다.

36. 惡(악·오)

① 악·악하다·나쁘다. (악)

勿以惡小而爲之, 勿以善小而不爲. <小學>

악이 작다고 하여 그것을 하지(위爲) 말고, 선이 작다고 하여 아니 하지 마라.

行惡之人, 如磨刀之石, 不見其損, 日有所虧. <明心寶鑑>

악을 행하는 사람은, 칼을 가는(마磨) 숫돌과 같아, 닳아지는(손損) 것은 보이지 않으나, 날로 이지러지는(휴虧) 바가 있다.

士志於道, 而恥惡衣惡食者, 未足與議也. <論語>

선비가 도에 뜻을 두고, 나쁜 옷과 나쁜 음식을 부끄러워하는(치恥) 자와는, 더불어 도를 의논議論할 수 없다.

② 미워하다 · 싫어하다. (오)

惡罪, 不惡其人. <孔叢子>

죄를 미워하고, 그 사람을 미워하지 않는다.

惟仁者, 能好人, 能惡人. <論語>

오직(유惟) 어진 사람이라야, 남을 좋아할 수 있고, 미워할 수 있다.

白髮花林所惡, 而用於詩則新. <芝峯類說>

백발白髮은 미인들(화림花林)이 싫어하는 것이지만, 시에 쓰이면 새롭다.

③ 어찌 · 어떻게. (오)

夫樹曲木者, 惡得直景. <說苑>

대저(부夫) 굽은 나무를 심은(수樹) 사람이, 어떻게 곧은 나무 그림자(영경景 · 영影)를 얻겠는가.

旣仁且知, 夫惡有不足矣哉. <荀子>

이미 어질고 또(차且) 지혜롭다면, 대저(부夫) 어찌(오惡) 부족不足함이 있겠는가.

聖人以治天下爲事者, 惡得不禁惡而勸愛. <墨子>

성인이 천하 다스리는 것을 일삼는 자가, 어찌 미움을 금禁하고 사랑을 권勸하지 않을 수 있겠는가.

④ 어디. (오)

☞ 의문대명사가 목적어나 보어로 쓰인 경우 대부분 술어 앞으로 도치된다.

將惡避逃之. <墨子>

장차 어디로 도피逃避할 것인가.

居惡在, 仁是也, 路惡在, 義是也. <孟子>

거하는 곳은 어디에 있어야 하는가, 인仁이 이것이요, 길은 어디에 있어야 하는가, 의義가 이것이다.

道惡乎往而不存, 言惡乎存而不可. <莊子>

참된 도는 어디에 가더라도 존재存在하지 않겠으며, 참된 말은 어디에 있더라도 옳지(가可) 않겠는가.

⑤ 감탄사. (오)

惡, 可不察與. <莊子>

아, 살피지(찰察) 않을 수 있겠는가(여與).

惡, 是何言也. <孟子>

아, 이것이 무슨 말인가.

惡, 賜是何言也, 夫君子豈多而賤之, 少而貴之哉. <荀子>

아, 사賜(자공子貢)는 무슨 말인가, 대저 군자가 어찌 많다고 하여 천賤하게 여기고, 적다고 하여 귀貴하게 여기겠는가.

37. 安(안)

① 편안하다.

能忍恥者安, 能忍辱者存. <說苑>

부끄러움(치恥)을 참을(인忍) 수 있는 자는 편안하고, 욕辱을 참을 수 있는 자는 생존한다.

仁人之安宅也, 義人之正路也. <孟子>

인은 사람의 편안한 집이요, 의는 사람의 바른길이다.

書曰, 居安思危, 思則有備, 有備無患. <左傳>

<서경書經>에 '편안할 때 위태로움을 생각하라.'고 했는데, 생각하면 대비對備함이 있고, 대비함이 있으면 근심이 없게 됩니다.

② 어찌 · 어떻게. 〈의문부사〉

燕雀, 安知鴻鵠之志哉. <史記>

제비(연燕)와 참새(작雀)가, 어찌(안安) 기러기(홍鴻)와 고니(곡鵠)의 뜻을 알겠는가. *鴻鵠之志(홍곡지지)큰 뜻. 원대한 포부.

臣死且不避, 卮酒安足辭. <史記>

신은 죽음 또한(차且) 피避하지 않는데, 한 잔(치卮) 술을 어찌 사양辭讓할 수 있겠습니까.

安能以身之察察, 受物之汶汶者乎. <漁父辭>

어찌 깨끗한(찰찰察察) 몸으로, 남(물物)의 더러운(문문汶汶) 것을 받을(수受) 수 있겠는가.

③ 어디. 〈의문대명사〉

☞ 의문대명사가 목적어나 보어로 쓰인 경우 대부분 술어 앞
　으로 도치된다.

固一世之雄也, 而今**安**在哉. <前赤壁賦>

진실로(固) 한 세대의 영웅英雄인데, 지금 어디에 있는가.

神農虞夏, 忽焉沒兮, 我**安**適歸矣. <史記>

신농씨神農氏, 순舜임금, 우禹임금이 홀연히 죽음이여(혜兮), 나는
어디로 가(적適) 귀의歸依할 것인가.

行賢, 而去自賢之行, **安**往而不愛哉. <莊子>

행실이 어질면서도, 스스로 훌륭한 행실이라는 생각을 버린다면
(거去), 어디에 가더라도(왕往) 사랑받지 않겠는가.

④ 어느. 〈의문형용사〉

☞ '안安'이 의문형용사로 쓰인 경우, 문장성분은 관형어이다.

道遠日暮, **安**暇語汝. <韓非子>

길은 멀고 날이 저물고 있으니, 어느 틈(가暇)에 그대(여汝)에게
말하겠는가.

欲令農士工女**安**所讎其貨乎. <史記>

농부와 베 짜는 여인들로 하여금 어디에서 그 물건(화貨)을 팔게
(수讎) 하려고 하는가.

寡人獨治之, **安**所用賢人辯士乎. <說苑>

과인寡人이 혼자 다스리는데, 현인賢人과 변사辯士를 어디에 쓰겠
는가.

38. 也(야)

① 서술. 〈종결사〉

☞ '야也'가 명사나 명사구 뒤에 위치하여, 이를 술어로 만드
는 서술종결사이다. 이를 판단문判斷文이라 한다.

夫君者舟也, 庶人者水也. <孔子家語>
대저 임금은 배요, 백성은 물이다.

往而不可追者年也, 去而不可得見者親也. <韓詩外傳>
흘러가면 쫓을(추追) 수 없는 것이 세월이요, 돌아가시면(거去) 뵐
수 없는 것이 어버이이다.

仰不愧於天, 俯不怍於人 二樂也. <孟子>
우러러(앙仰) 하늘에 부끄럽지(괴愧) 않고, 굽어(부俯) 사람들에게
부끄럽지(작怍) 않음이 둘째 즐거움이다.

大人者, 不失其赤子之心者也. <孟子>
대인大人은, 어린아이(적자赤子)의 마음을 잃지 않은 자이다. *赤
子之心(적자지심)갓난아이처럼 깨끗하고 거짓이 없는 마음.

② 단정. 〈종결사〉

☞ '야也'가 동사나 형용사가 술어로 쓰인 서사문敍事文 뒤에
위치하여, 단정을 나타내는 종결사이다.

不登高山, 不知天之高也. <荀子>
높은 산에 오르지 않으면, 하늘이 높음을 알지 못한다.

雖有至道, 弗學, 不知其善也. <禮記>

비록 지극한 도가 있을지라도, 배우지 않으면 그 훌륭함을 모른다.

苛政猛於虎也. <禮記>

가혹苛酷한 정치는 범보다(어於) 사납다(맹猛).

夫財譬如井也, 汲則滿, 廢則竭. <北學議>

무릇 재물은 비유譬喩하면 우물과 같아, 물을 길으면(급汲) 차고
(만滿) 폐廢하면 마른다(갈竭).

③ 원인. 〈종결사〉

☞ '야也'는 종결사로 인과因果관계의 문장 끝에 위치하여, 원
　　인原因을 나타내며, '〜 때문이다.'로 풀이한다.

鮑叔不以我爲貪, 知我貧也. <史記>

포숙鮑叔이 나를 탐욕貪慾스럽다고 생각하지 않았던 것은, 나의
가난함을 알았기 때문이다.

季布名所以益聞者, 曹丘揚之也. <史記>

계포季布의 명성名聲이 더욱 알려진(문聞) 까닭은, 조구曹丘가 이
를 드날렸기(양揚) 때문이다.

吾妻之美我者, 私我也, 妾之美我者 畏我也, 客之美我者, 欲有求
於我也. <戰國策>

내 아내가 나를 아름답다 하는 것은, 나를 사랑하기(사私) 때문이
고, 첩妾이 나를 아름답다 하는 것은, 나를 두려워하기(외畏) 때
문이며, 손님이 나를 아름답다 하는 것은, 나에게 구함이 있고자
하기 때문이다.

④ 의문 · 반어. 〈종결사〉

☞ '야也'는 의문종결사로 의문사와 호응하여, 의문이나 반어를 나타낸다.

何足下距僕之深也. <史記>

어찌 귀하(족하足下)께서는 저(복僕)를 거절함(거距)이 심하십니까.

嫂何前倨, 而後卑也. <戰國策>

형수는(수嫂) 어째서 전에는 거만하시더니(거倨), 뒤에는 낮추십니까.

且欲與常馬等, 不可得, 安求其能千里也. <雜說>

또 다른 보통 말과 더불어 같아지려 해도, 할 수 없으니, 어떻게 (안安) 하루에 천 리를 달릴 수 있기를 바라겠는가.

⑤ ~은. 〈후치사/주격〉

☞ '야也'가 주어 뒤에 위치하여, 주격 조사로 쓰인 경우이다.

回也, 聞一以知十. <論語>

안회顏回는 하나를 들어 열을 알았다.

吾生也有涯, 而知也無涯. <莊子>

우리의 생은 끝(애涯)이 있고, 지식知識은 끝이 없다.

惑而不從師, 其爲惑也, 終不解矣. <師說>

의혹疑惑이 있으면서 스승을 좇지 않으면, 그 의혹은, 끝내(종終) 풀리지 아니할 것이다.

⑥ 강조. 〈후치사/부사격〉

☞ '야也'가 부사어 뒤에 위치하여, 부사어를 강조하는 경우이다.

君子無所爭, 必也射乎. <論語>

군자는 다투는 것이 없으나, 있다면 반드시 활쏘기(射)일진저.

向也不怒, 而今也怒, 何也. <莊子>

이전(向)에는 성내지 않더니, 지금 성냄은, 어째서인가.

聽訟吾猶人也, 必也使無訟也. <論語>

소송訴訟을 듣는 것은 내가 다른 사람과 같다(유猶). 반드시 소송訴訟이 없게 하겠다.

39. 若(약)

① 같다. 〈형용사/비교〉

☞ '약若'은 단순비교, '불약不若'은 우열비교, '막약莫若'은 최상급비교를 나타낸다.

上善若水. <老子>

최상의 선은 물과 같다.

君子之交, 淡若水, 小人之交, 甘若醴. <莊子>

군자의 사귐은, 담박淡泊하기가 물 같고, 소인의 사귐은, 달기가 단술(례醴)과 같다.

指不若人, 則知惡之, 心不若人, 則不知惡. <孟子>

손가락(지指)이 남들과 같지 않으면, 이것을 싫어할(오惡) 줄 알되, 마음이 남들과 같지 않으면, 이것을 싫어할 줄 모른다.

☞ ⓐ不若ⓑ : ⓐ는 ⓑ만 같지 못하다.<우열비교>

一目之視也, 不若二目之視也. <墨子>

한 눈으로 보는 것이, 두 눈으로 보는 것만 못하다.

計虎之食人, 不若人之相食之多也. <虎叱>

범이 사람 먹는 것을 헤아려도(계計), 사람들이 서로 잡아먹는 것처럼 많지 못할 것이다.

不聞不若聞之, 聞之不若見之, 見之不若知之, 知之不若行之 <荀子>

듣지 않는 것은 듣는 것만 못하고, 듣는 것은 보는 것만 못하고, 보는 것은 아는 것만 못하고, 아는 것은 실천하는 것만 못하다.

☞ ⓐ莫若ⓑ : ⓐ는 ⓑ만 한 것이 없다.<최상급비교>

知臣莫若君, 知子莫若父. <韓非子>

신하를 알기로는 임금만 한 사람이 없고, 자식을 알기로는 아버지만 한 사람이 없다.

治官莫若平, 臨財莫若廉. <明心寶鑑>

벼슬을 다스림에는 공평公平만 한 것이 없고, 재물財物에 임해서는 청렴淸廉만 한 것이 없다.

欲人勿聞, 莫若勿言, 欲人勿聞, 莫若勿言. <漢書>

남이 듣지 않게(물勿) 하려면, 말하지 않는 것만 한 것이 없고,

남이 알지 못하게 하려면, 하지 않는 것만 한 것이 없다.

② 만약. 〈부사/가정〉

寅若不起, 日無所辦. <明心寶鑑>

새벽(인시寅時. 오전 3~5시)에 일어나지 않으면, 하루에 힘쓸(판辦) 것이 없다.

若人作不善得顯名者, 人雖不害, 天必戮之. <明心寶鑑>

만일 사람이 선하지 않은 일을 해서 높은(현顯) 명성을 얻는 자는, 사람들이 비록 해치지 않을지라도, 하늘이 반드시 그를 죽일(륙戮) 것이다.

若獨享富貴, 而不恤宗族, 異日何以見祖宗於地下. <小學>

만약 홀로 부귀를 누리고(향享), 종족宗族을 구휼救恤하지 않는다면, 다른 날에 어떻게 지하地下에서 조상(조종祖宗)을 뵙겠는가.

③ 너. 〈인칭대명사/2인칭〉

與若芧, 朝四而暮三足乎. <列子>

너에게 도토리(서芧)를 줌에(여與), 아침에 넷, 저녁에 셋이면 만족하느냐. *朝三暮四(조삼모사)간사한 잔꾀로 남을 속여 희롱함.

若雖長大, 好帶劍, 中情怯耳. <史記>

너는 비록 장대長大하고, 칼(검劍)을 차기(대帶)를 좋아하지만, 속마음은 겁쟁이(겁怯)일 뿐이다(이耳).

余將告于莅事者, 更若役, 復若賦則何如. <捕蛇者說>

내(여余)가 장차 일을 맡은(리莅) 자에게 말하여, 너의 일을 바꾸고(경更), 너의 조세(부賦)를 회복回復시켜 준다면 어떻겠는가.

④ ~와·및. 〈접속사〉

大夫沒矣, 則稱諡若字. <禮記>

대부大夫는 죽으면(몰沒), 시호諡號와 자字를 부른다.

男若女出, 而頌萬德之恩. <樊巖集>

남자와 여자가 나와서, 만덕萬德의 은혜를 칭송稱頌하였다.

願取吳王若將軍頭, 以報父之仇. <史記>

오왕吳王과 장군의 머리를 취하여, 아버지의 원수(구仇)를 갚기
(보報) 원합니다.

⑤ ~처럼 하다. 〈동사〉

視人國, 若其國, 誰攻. <墨子>

남의 나라 보기를, 자기 나라 보듯이 한다면, 누가(수誰) 침공侵
攻하겠는가.

治大國者, 若烹小鮮. <韓非子>

큰 나라를 다스리는 것은, 작은 생선生鮮을 삶(팽烹)듯이 하여야
한다. *若烹小鮮(약팽소선)가만히 두고 지켜보며 조심히 기다리는
정치를 비유함.

誓生死不相背負, 眞若可信. <柳子厚墓誌銘>

살아서나 죽어서나 서로 등지고(배背) 저버리지(부負) 말자고 맹
서盟誓하는데, 정말로(진眞) 믿을 수 있을 것처럼 한다.

40. 於(어 · 오)

① ~에 · ~에서 · ~로. 〈전치사/처소〉

附耳之言, 聞**於**千里也. <淮南子>

귀에 대고(부附) 하는 말이, 천 리에서 들린다.

是鳥也海運, 則將徙**於**南冥. <莊子>

이 새는 바다가 움직이면, 장차 남명南冥(천지天池)으로 날아갈
(사徙) 것이다.

失火, 而取水**於**海, 海水雖多, 火必不滅矣. 遠水不救近火也. <韓非子>

잘못(실失)으로 불이 나, 바다에서 물을 취하려 한다면, 바닷물이
비록(수雖) 많을지라도, 불은 반드시 꺼지지(멸滅) 않을 것이다.
먼 곳의 물은 가까운 곳의 불을 끄지(구救) 못하기 때문이다.

② ~에서. 〈전치사/기점 · 출발〉

千里之行, 始**於**足下. <老子>

천 리의 길(행行)도, 발아래에서 시작된다.

官怠**於**宦成, 病加**於**小愈. <明心寶鑑>

관리는 벼슬(환宦)을 성취하는 데서 게을러지고(태怠), 병은 조금
나아진(유愈) 데서 심해진다.

吾東方之文, 始**於**三國, 盛**於**高麗, 極**於**盛朝. <東文選序>

우리 동방東方의 문文은 삼국三國에서 비롯하여(시始), 고려에서
성성盛하였고, 융성한 조선에서 극에 이르렀다(극極).

③ ~에. 〈전치사/시간〉

☞ 전치사 '어於'가 시간이나 날짜를 뜻하는 말 앞에 위치하는 경우이다.

子**於**是日哭, 則不歌. <論語>

공자께서는 이날에 곡哭을 하셨으면, 노래하지 않으셨다.

齊桓晉文之事, 寧不可復見**於**今日. <通鑑節要>

제齊나라 환공桓公과 진晉나라 문공文公의 일을, 어찌(녕寧) 다시 (부復) 금일今日에 볼 수 없었겠는가.

於是日也, 郞中盡知之, **於**是月也, 境內盡知之. <韓非子>

이날 안에 낭중郞中들이 모두(진盡) 이를 알게 되었고, 이달 안에 경내境內(나라 안)에서 모두 알게 되었다.

④ ~보다 · ~와. 〈전치사/비교〉

☞ 전치사 '어於'가 술어<형용사> 뒤에 위치하여 비교를 나타 낸다.

天下莫柔弱**於**水. <老子>

천하에서 물보다 부드럽고(유柔) 약한 것이 없다.

霜葉紅**於**二月花. <杜牧詩>

서리 맞은 단풍잎(상엽霜葉)이 봄꽃보다 붉다(홍紅). *二月(이월) 음력 2월, 중춘仲春.

力猛**於**德, 而得其死者鮮矣, 盍愼諸焉. <孔子家語>

힘이 덕보다 세면서(맹猛), 제명命에 죽은 자는 드무니(선鮮), 어 찌 이를(저諸) 삼가지(신愼) 않겠는가. *盍(합)어찌 아니 하느냐.

言勿異**於**行, 行勿異**於**言. <芝峯集>

말은 행동과 달리하지 말고(물勿), 행동은 말과 다르게 하지 마라.

世俗之人, 皆喜人之同乎己, 而惡人之異**於**己也. <莊子>

세속의 사람들은 모두 남이 자기와(호乎) 같음을 좋아하고(희喜), 남이 자기와 다름을 싫어한다(오惡).

⑤ ~에·~에게. 〈전치사/대상〉

當仁, 不讓**於**師. <論語>

인仁에 당當해서는, 스승에게도 양보讓步하지 않는다.

孝**於**親, 子亦孝之. <明心寶鑑>

부모에게 효도하면, 자식이 또한 효도한다.

與其得罪**於**鄕黨州閭, 寧孰諫. <禮記>

부모로 하여금 고을에 죄를 짓게 하느니, 차라리(녕寧) 정중히(숙孰) 간諫하는 것이 낫다. *與其ⓐ寧ⓑ : ⓐ보다 차라리 ⓑ가 더 낫다. *鄕黨州閭(향당주려)2천5백 호戶가 사는 거주지를 향鄕, 5백 호는 당黨, 1만 2천5백 호는 주州, 2십5호는 려閭라 함.

⑥ ~을·~를. 〈전치사/목적〉

☞ 전치사 '어於'가 타동사 뒤에 놓여 목적격으로 쓰인 경우이다.

貧者苦**於**無財, 而恥不若人. <磻溪隧錄>

가난한 사람들은 재물이 없음을 괴로워하면서도, 혼수가 남들만 같지 못함을 부끄럽게 여긴다(치恥).

三年無改於父之道, 可謂孝矣. <論語>

삼 년 동안 아버지의 도를 고치지(개改) 말아야, 효라 이를 수 있다.

以財粹面, 君輩事耳, 萬金何肥於道哉. <許生傳>

재물로 얼굴을 아름답게 하는 것은(수粹), 그대들(군배君輩)의 일일 따름이지, 만금萬金이 어찌 도道를 살찌게(비肥) 하겠는가.

⑦ ~에게 ~당하다. 〈전치사/피동〉

☞ 전치사 '어於'가 타동사 뒤에 위치하여 타동사가 피동이 된 경우이다.

君子役物, 小人役於物. <荀子>

군자는 물건을 부리고(역役), 소인은 물건에 부림을 당한다.

染於蒼則蒼, 染於黃則黃. <墨子>

푸른색(창蒼)에 물들면(염染) 푸르러지고, 노란색에 물들면 노래진다.

勞心者治人, 勞力者治於人. <孟子>

마음을 애쓰는(로勞) 자는 남을 다스리고, 힘을 수고롭게 하는 자는 남에게 다스림을 받는다.

⑧ 감탄. (오)

☞ '어於'는 주로 '호乎·호呼·희戲' 등과 연용하여 쓴다.

王在靈沼, 於牣魚躍. <詩經>

왕이 영소靈沼에 계시니, 아(오於), 가득히(인牣) 고기들이 뛰논다.

於乎, 小子未知臧否. <詩經>

아(오호於乎), 소자小子(덕이 없는 사람)는 좋음과 나쁨(장부臧否)

을 알지 못하는구나.

於呼, 安得長者之語, 而稱之. <史記>

아아(오호於呼), 어디(안安)에서 장자長者(나이가 많고 덕이 있는 사람)의 말을 듣고, 이렇게 말하는가.

於戲. 前代帝王有盛德大業者, 必見於歌頌. <大唐中興頌>

아(오희於戲), 전대前代의 제왕帝王으로 성덕盛德과 대업大業이 있는 자는, 반드시 가송歌頌에 나타났도다(현견見).

41. 焉(언)

① ~이다. 〈종결사/단정〉

☞ '언焉'은 동사가 술어로 쓰인 서사문敍事文 뒤에 위치하는 종결사로, 단정을 나타낸다.

三人行, 必有我師**焉**. <論語>

세 사람이 길을 감에, 반드시 나의 스승이 있다.

雖聖人, 亦有所不知**焉**. <中庸>

비록 성인일지라도, 또한 알지 못하는 것이 있다.

一日克己復禮, 天下歸仁**焉**. <論語>

하루라도 사욕을 이겨(극克) 예에 돌아가면(복復), 천하가 인으로 돌아온다. *克己復禮(극기복례)자기의 욕심을 버리고 예의범절을 따름.

② ~느냐. 〈종결사/의문·반어〉

☞ '언焉'은 반드시 의문사와 호응하며, 의문이나 반어를 뜻하
  는 종결사이다.

旣富矣, 又何加焉. <論語>

이미 부유富裕해졌다면, 또 무엇을 여기에 더합니까.

人無兄弟, 胡不佽焉. <詩經>

사람이 형제가 없거늘, 어찌(호胡) 도와주지(차佽) 않는가.

身旣不孝, 子何孝焉. <明心寶鑑>

자신이 이미(기旣) 효도孝道하지 않았다면, 자식이 어찌 효도하겠
는가.

③ 어찌·어떻게. 〈의문부사〉

割鷄, 焉用牛刀. <論語>

닭을 베는 데(할割), 어떻게 소를 잡는 칼을 쓰겠는가.

不入虎穴, 焉得虎子. <後漢書>

호랑이 굴(혈穴)에 들어가지 아니하면, 어떻게 호랑이 새끼를 잡
겠는가.

焉有仁人在位, 罔民而可爲也. <孟子>

어찌 어진 사람이 자리에 있으면서, 백성을 그물질하는(망罔) 일
을 할 수 있겠습니까. *罔民(망민)무지한 백성을 속여 법망에 걸
려들게 하는 일.

④ 어디·무엇. 〈의문대명사〉

且焉置土石. <列子>

장차 어디에 토석土石을 두려고(치置) 하는가.

汝今離家, 欲焉往. <韋島王傳>

너(여汝)는 지금 집을 떠나(리離), 어디로 가려고(왕往) 하는가.

行賢而去自賢之心, 焉往而不美. <韓非子>

품행이 어질면서 자신이 어질다는 마음을 버리면, 어디를 가더라
도 찬미讚美받지 않겠는가.

⑤ 이에·이보다·이와·이것을. 〈전치사 겸 대명사〉

☞ '언焉'이 문말文末에 위치하여 '어차於此·어시於是·어지於
之'의 뜻으로 쓰이며, '어於'의 역할에 따라 '이에·이보다·
이와·이것을' 등으로 풀이하며, 전치사 겸 대명사이다.

心不在焉, 視而不見. <大學>

마음이 이에(보는 데) 있지 않으면, 보아도 보이지 않는다.

人誰無過, 過而能改, 善莫大焉. <左傳>

사람이 누가 허물(과過)이 없겠는가, 잘못이 있으되 고칠 수 있다
면, 선이 이보다 더 큰 것이 없다.

見賢思齊焉, 見不賢而內自省也. <論語>

어진 이를 보고 그와 같아지기를(제齊) 생각하며, 어질지 못한 이
를 보면 안으로 스스로 살핀다(성省).

42. 與(여)

① ~과(와)·~및. 〈접속사〉

子罕言利**與**命**與**仁. <論語>

공자께서는 이利와 명命과 인仁을 드물게(한罕) 말씀하셨다.

小人**與**小人, 以同利爲朋. <朋黨論>

소인과 소인은 이익利益을 함께하여 벗(붕朋)이 된다.

不爲者**與**不能者之形, 何以異. <孟子>

하지 않는 것과 할 수 없는 것의 형상이, 어떻게 다른가.

② ~와 더불어. 〈전치사/동반〉

得志, **與**民由之, 不得志, 獨行其道. <孟子>

뜻을 얻으면, 백성과 더불어 이를 행하고, 뜻을 얻지 못하면, 홀로 그 도를 행한다.

借令筆不銳不動, 知其不能**與**硯久遠矣. <家藏古硯銘>

가령(차령借令) 붓이 예리銳利하지 않고 움직이지 않더라도, 그것이 벼루(연硯)와 더불어 오래갈 수 없음을 안다.

與善人居, 如入芝蘭之室, 久而不聞其香, 卽**與**之化矣. <孔子家語>

착한 사람과 더불어 지내는 것은, 지란芝蘭의 방에 들어가는 것과 같아서, 오래되면 그 향기를 맡지(문聞) 못하더라도, 곧 그것과 같이 동화同化된다.

③ ~보다. 〈전치사/비교〉

☞ '여與'와 '기其'가 결합된 '여기與其'가 주로 '영寧·불여不
如·불약不若·기약豈若·갈약曷若·숙약孰若·무영無寧'
등과 호응하여 선택형비교를 나타낸다.

◀ 與其ⓐ不如(不若)ⓑ : ⓐ보다 ⓑ가 더 낫다.

◀ 與其ⓐ寧ⓑ : ⓐ보다 차라리 ⓑ가 더 낫다.

◀ 與其ⓐ豈若(曷若)ⓑ : ⓐ하는 것이 어찌 ⓑ하는 것만 하겠는가.

◀ 與其ⓐ孰若ⓑ : ⓐ하기보다 ⓑ하는 것이 낫지 않겠는가.

◀ 與其ⓐ無寧ⓑ : ⓐ보다 차라리 ⓑ가 더 낫지 않겠는가.

與其生而無義, 固**不如**烹. <史記>
살아 의리가 없기보다는, 진실로(고固) 삶아져 죽는(팽烹) 것이 낫다.

與其富而畏人, **不若**貧而無屈. <孔子家語>
부유富裕하여 남을 두려워하기(외畏)보다는, 가난하더라도 비굴卑
屈함이 없는 것이 낫다.

與其有聚斂之臣, **寧**有盜臣. <大學>
취렴聚斂(전곡錢穀을 함부로 거두어들임)하는 신하를 두기보다는,
차라리 도둑질하는(도盜) 신하를 두는 편이 낫다.

與其從辟人之士也, **豈若**從辟世之士. <論語>
사람을 피하는(피辟·피避) 선비를 따르는(종從) 것이, 어찌 세상
을 피하는 선비를 따르는 것만 하겠는가.

與其叛而滅亡, **曷若**順而榮貴. <檄黃巢書>
모반謀叛하여 멸망滅亡하는 것이, 어찌 순응順應하여 영화榮華롭
고 귀貴한 것만 하겠는가.

與其殺是童, 孰若賣之. <童區寄傳>

이 아이를 죽이는 것보다, 그를 파는(매賣) 것이 낫지 않겠는가.

與其創新而巧也, 無寧法古而陋也. <楚亭集序>

새것을 창안創案해 내면서 공교工巧하기보다는, 옛것을 본받으면서 고루固陋함이 낫지 않겠는가.

④ 주다.

卞氏曰諾, 立與萬金. <許生傳>

변씨卞氏는 "좋습니다(락諾)" 하고, 곧(립立) 만금萬金을 주었다.

受人施者常畏人, 與人者常驕人. <孔子家語>

남의 베풂(시施)을 받은(수受) 자는 늘 남을 두려워하고(외畏), 남에게 준 자는 항상 남에게 교만驕慢하다.

曾子養曾晳, 必有酒肉, 將徹必請所與. <孟子>

증자曾子께서 아버지(증석曾晳)를 봉양奉養함에, 반드시 술과 고기가 있었는데, 밥상을 치우려(철徹·철撤) 할 때에는 반드시 줄 곳을 청請하였다.

⑤ 참여하다.

吾不與祭, 如不祭. <論語>

내가 제사에 참여參與하지 않음은, 제사를 지내지 않는 것과 같다.

衆父卒, 公不與小斂. <左傳>

중보衆父가 졸卒하였는데, 은공隱公은 소렴小斂(시신에 수의를 입히는 것)에 참여하지 않았다.

重耳身亡, 父死, 不得**與**於哭泣之位. <國語>

나(중이重耳)는 망명한 몸이라, 아버지가 돌아가셨는데도, 곡읍哭泣의 자리에 참여할 수 없었습니다.

⑥ 의문·반어·감탄. 〈종결사〉

子非三閭大夫**與**. <漁父辭>

그대(자子)는 삼려대부三閭大夫가 아닌가.

王之所大欲, 可得聞**與**. <孟子>

왕께서 크게 하고자 하시는 바를, 들을 수 있겠습니까.

賜也, 女以予爲多學而識之者**與**. <論語>

사賜(자공子貢)야, 너(여女)는 나(여予)를 많이 배우고 그것을 기억하는(지識) 자라고 여기느냐.

孝弟也者, 其爲仁之本**與**. <論語>

효와 공손(제弟·제悌)은, 아마도(기其) 인을 행하는 근본일진저.

43. 如(여)

① 같다. 〈형용사/비교〉

☞ '여如'는 단순비교, '불여不如'는 우열비교, '막여莫如'는 최상급비교에 쓰인다.

不義而富且貴, 於我如浮雲. <論語>

의롭지 않으면서 부하고(차且) 귀한 것은, 나에게 뜬구름(부운浮雲)과 같다.

學而智遠, 如披祥雲而覩靑天. <莊子>

배워서 지혜가 원대遠大해지면, 상서祥瑞로운 구름을 헤치고(피披) 푸른 하늘을 보는(도覩) 것과 같다.

君子之道, 辟如行遠必自邇, 辟如登高必自卑. <中庸>

군자의 도는, 비유하면(비辟) 먼 곳을 가려면 반드시 가까운 데(이邇)로부터 하는 것과 같고, 비유하면 높은 데 오르려면 반드시 낮은 데(비卑)로부터 하는 것과 같다. *自(자)~부터 하다.

☞ ⓐ不如ⓑ : ⓐ는 ⓑ만 같지 못하다.<우열비교>

百聞不如一見. <漢書>

백 번 듣는 것은 한 번 보는 것만 못하다.

渴時一滴如甘露, 醉後添盃不如無. <明心寶鑑>

목마를(갈渴) 때 한 방울의 물(적滴)은 감로수甘露水와 같고, 취한 후에 잔(배盃)을 더하는(첨添) 것은 없는 것만 못하다.

知之者不如好之者, 好之者不如樂之者. <論語>

학문을 아는 자가 좋아하는 자만 못하고, 좋아하는 자가 즐기는 자만 못하다.

☞ ⓐ莫如ⓑ : ⓐ는 ⓑ만 한 것이 없다.<최상급비교>

至樂莫如讀書. <漢書>

지극히 즐거운 것은 책을 읽는 것만 같은 것이 없다.

終身之計, 莫如樹人. <管子>

일생의 계획에는, 인재를 키우는 것만 같은 것이 없다.

救寒莫如重裘, 止謗莫如自修. <通鑑>

추위를 막는(구救) 데는 두꺼운 갖옷(구裘)만 한 것이 없고, 비방
誹謗을 그치게 함은 자신을 닦는(수修) 것만 한 것이 없다.

② 같게 하다. 〈동사〉

愛君如愛父, 憂國如憂家. <趙光祖詩>

임금 사랑하기를 아버지 사랑하듯 하였고, 나라 근심하기를 집안
근심하듯 하였다.

見善如不及, 見不善如探湯. <論語>

선善을 보면 미치지 못할 것과 같이 하고, 불선不善을 보면 끓는
물(탕湯)을 만지는(탐探) 것과 같이 하라.

吾欲汝曹聞人過失, 如聞父母之名. <後漢書>

나는 너희들(여조汝曹)이 남의 잘못(과실過失)을 들으면, 부모의
이름을 듣는 것처럼 하기를 바란다(욕欲).

③ 만약. 〈부사/가정〉

如詩不成, 罰依金谷酒數. <春夜宴桃李園序>

만약 시를 짓지 못한다면, 금곡金谷의 술잔 수에 의依해서 벌罰
하리라. *金谷酒數(금곡주수)시를 짓지 못한 사람에게 주는 벌주.

讐夷如盡滅, 雖死不爲辭. <李舜臣詩>

만약 원수怨讐를 다(진盡) 멸할 수 있다면, 비록 죽을지라도 사양辭讓하지 않으리라.

富貴如將智力求, 仲尼年少合封侯. <明心寶鑑>

만약 부귀를 지혜와 힘을 가지고(장將) 구하였다면, 중니仲尼(공자의 자)는 젊은 나이에 제후諸侯에 봉封해졌을 것이다.

④ 가다. 〈동사〉

二人如唐, 爲武寧軍小將. <三國史記>

두 사람(장보고張保皐·정년鄭年)이 당唐나라에 가서, 무령군武寧軍 소장小將이 되었다.

縱一葦之所如, 凌萬頃之茫然. <前赤壁賦>

쪽배(일위一葦)가 가는 대로 맡겨, 만경萬頃의 아득한 물결을 지나다(능凌).

致遠亦嘗奉使, 如唐, 但不知其歲月耳. <三國史記>

최치원崔致遠은 또한 일찍이 사신使臣의 명命을 받들고, 당나라에 갔었으나, 다만(단但) 그 시기(세월歲月)를 알지 못할 뿐이다.

⑤ 어찌·어찌하랴·어떠한가. 〈부사〉

☞ 주로 '하何'나 '내奈'와 연용하여 '여하如何·하여何如·여지하如之何' 등으로 쓴다.

取妻如何, 匪媒不得. <詩經>

아내를 얻으려면 어찌해야 하는가, 중매仲媒가 아니면(비匪) 얻지 못한다.

如之何其使斯民飢而死也. <孟子>

어찌 그가 이(사斯) 백성들로 하여금 굶어(기飢) 죽게 하였는가.

如有博施於民而能濟衆, 何如. <論語>

만일(여如) 백성에게 널리(박博) 베풀어(시施) 많은 사람을 구제救
濟할 수 있다면, 어떻겠습니까.

44. 逆(역)

① 거스르다 · 거역하다.

忠言逆於耳, 而利於行. <孔子家語>

충언忠言은 귀에 거슬리나, 행동에 이롭다.

三人相視而笑, 莫逆於心, 遂相與爲友. <莊子>

세 사람이 서로 쳐다보면서 빙그레 웃고, 마음에 거슬리는 것이
없자, 마침내(수遂) 서로 더불어 벗이 되었다.

學如逆水行舟, 不進則退, 心似平原走馬, 易放難收. <左文襄公全集>

학문을 하는 것은 배가 물결을 거슬러 올라가는 것과 같아, 나아
가지 않으면 물러나며, 마음은 평원平原을 달리는 말과 같아, 풀
어 놓기(방放)는 쉽지만 거두어들이기(수收)가 어렵다. *형용사 이

易, 난難이 술어로 쓰이는 경우 보어를 취하며, 보어는 주어처럼 풀이한다.

② 맞다 · 맞이하다.

使荀罃士魴逆周子于京師而立之. <左傳>

순앵荀罃과 사방士魴으로 하여금 서울(경사京師)에서 주자周子를 맞이하여 세우게 하였다.

秦之求無已, 以有盡之地, 而逆無已之求. <史記>

진秦나라의 요구要求는 그침(이已)이 없을 것이니, 다함(진盡)이 있는 땅으로 그침이 없는 요구를 맞는 것이다.

夫天地者萬物之逆旅, 光陰者百代之過客. <春夜宴桃李園序>

무릇 천지는 만물의 여관旅館(역려逆旅. 나그네를 맞음)이요, 세월은 영원한 지나가는 나그네(과객過客)이다.

③ 미리 · 사전에.

高帝安得逆知之. <漢高帝論>

고조高祖가 어떻게(안安) 이것을 미리 알 수 있었겠는가.

凡事如是, 難可逆見. <後出師表>

모든(범凡) 일이 이와 같아서, 미리 살펴볼 수 있음이 어렵습니다.

今夫問將之賢者, 必曰, 能逆知敵國之勝敗. <用間>

대저(금부今夫) 장수의 현명을 묻는다면(자者), 반드시 "적국敵國과의 승패를 미리 알 수 있어야 한다."라고 대답할 것이다.

45. 然(연)

① 그러하다. 〈형용사〉

非獨染絲**然**也, 國亦有染. <墨子>

다만(독獨) 물들어짐(염染)은 실만이 그러한 것이 아니라, 나라 또한 물들어짐이 있다.

乍晴乍雨雨還晴, 天道猶**然**況世情. <金時習詩>

잠시(사乍) 개었다 비 오고, 비 오다가 도로(환還) 개니(청晴), 하늘도 오히려(유猶) 그러한데 하물며 세상의 정情이야.

干越夷貊之子, 生而同聲, 長而異俗, 敎使之**然**也. <荀子>

간월이맥干越夷貊(오랑캐들)의 자식이 나면서는 소리가 같으나, 자라면서 풍속이 다름은, 교육이 그것을 그렇게 하였다.

② 그렇다·옳다. 〈형용사〉

☞ '연然'이 '그렇다·옳다'의 의미인 경우 주로 문답問答의 글에 나타난다.

孟子曰, 許子必種粟而後食乎, 曰, **然** <孟子>

맹자가 물었다, "허자許子(허행許行)는 반드시 곡식을 심은 뒤에 먹는가." 진상陳相이 대답했다. "그렇습니다."

若敎淮陰侯反乎, 對曰, **然**, 臣固敎之. <史記>

그대(군若)가 회음후淮陰侯로 하여금 반란反亂을 일으키라고 하였는가. 괴통蒯通이 대답하였다. "그렇습니다. 신이 진실로(고固) 그렇게 했습니다." *敎(교)~하여금 ~하게 하다.<사역>

魯仲連曰, 然梁之比於秦若僕耶, 辛垣比衍曰, 然. <戰國策>

노중련魯仲連이 말하였다. "그렇다면 양梁나라를 진나라에 견주면(비比) 종(복僕)과 같다는 말입니까." 신원연辛垣衍이 말하였다. "그렇소"

③ 그렇다고 여기다. 〈동사〉

人心之所同然者, 謂之公論. <退溪集>

사람들의 마음이 함께 그렇다고 하는 것, 이를 공론公論이라 한다.

虎以爲然, 故遂與之行. <戰國策>

호랑이가 그렇다고 생각하고, 그래서 마침내(수遂) 그(지之)와 함께 갔다.

於是信然之, 從其計, 遂渡河. <史記>

이에 한신韓信은 이(괴통蒯通의 계책)를 옳다고 생각하고, 그의 계책計策을 따라(종從), 마침내 황하를 건넜다(도渡).

④ 불타다. 〈동사〉

☞ '연然'은 원래 '불타다'는 의미인데, 후에 '그러하다'는 뜻으로 가차假借되면서, 후에 '불타다'는 뜻은 연然에 화火를 더한 '연燃'을 주로 쓴다.

見火起, 則亦然之. <通鑑>

불이 일어나는 것을 보면, 또한 그것(표瓢·표주박)에 불을 붙여라.

若火之始然, 泉之始達. <孟子>

불이 처음 타오르며, 샘물이 처음 나오는 것과 같을 것이다.

江碧鳥逾白, 山靑花欲然. <杜甫詩>

강물은 푸르니(벽碧) 새는 더욱(유逾) 희고, 산이 푸르니 꽃은 불타는 듯하네.

☞ '연然'은 접속사로 '이而·즉則·후後·고故' 등과 연용하여 '연이然而·연즉然則·연후然後·연고然故' 등으로 쓰며, 然은 다만 정지停止작용을 하며, 의미는 뒷 글자에 있어, '그러나·그러면·그런 뒤에·그렇기 때문에' 등으로 풀이한다.

⑤ 그러나·그렇지만. 〈접속사/역접〉

☞ '연然'은 역접을 나타내는 접속사로 '연이然而'에서 역접의 의미를 지닌 '而'가 생략된 것으로 본다.

是則是矣, **然**猫項, 誰能爲我懸鈴耶. <禦眠楯>
옳기는(시是) 옳으나, 그러나 고양이(묘猫) 목(항項)에, 누가 우리를 위하여 방울(령鈴)을 매달(현懸) 수 있겠는가.

百里小國也, **然**能行仁政, 則天下之民歸之矣. <孟子>
백 리는 작은 나라이다. 그러나 어진 정치를 행한다면, 천하의 백성이 돌아올 것이다.

詩者小技, **然**或有關於世敎, 君子宜有所取之. <東人詩話>
시詩는 작은 기예이나, 혹 세상의 교화敎化에 관계關係가 있으므로, 군자가 마땅히 취할 것이 있다.

⑥ 연이然而. 〈그러나·그렇지만〉

夫市之無虎明矣, **然而**三人言而成虎. <戰國策>
무릇 저자에 호랑이가 없음은 분명합니다. 그러나 세 사람이 말하면 호랑이가 만들어집니다. *三人成虎(삼인성호)세 사람이 범을 만들어낸다는 뜻으로, 거짓말이라도 여러 사람이 말하면 참말로

믿기 쉽다는 말.

夫環而攻之, 必有得天時者矣, **然而**不勝者, 是天時不如地利也. <孟子>
대개 포위하여(환環) 공격攻擊함에, 반드시 천시天時를 얻음이 있었지만,
그러나 이기지 못하는 것은, 이는 천시가 지리地利만 못하기 때문이다.

桀紂, 貴爲天子, 富有天下, **然而**皆滅亡於百里之君者, 何也. <墨子>
걸왕桀王과 주왕紂王은 존귀함은 천자天子가 되었으며, 부富는 천
하를 소유하였다. 그러나 모두 사방 백 리 되는 나라의 임금에게
멸망滅亡당한 것은 어째서인가.

⑦ **연후然後. 〈그러한 뒤에〉**

☞ '연후然後'는 앞일과 뒷일의 시간적 전후 관계를 나타낸다.
人之性惡, 必將待師**然後**正. <荀子>
사람의 성품은 악하니, 반드시 장차 스승의 가르침을 기다린 연
후에 바르게 된다.

子生三年, **然後**免於父母之懷. <論語>
자식은 태어난 지 3년이 지난, 연후에야 부모의 품(회懷)에서 벗
어난다(면免).

山水遊觀, 惟心無私累, **然後**可以樂其樂也. <陽村集>
산수를 유람함(유관遊觀)은, 오직 마음에 사사로운 근심(루累)이
없는 후에, 그 즐거움을 즐길 수 있다.

⑧ **연즉然則. 〈그렇다면〉**

☞ '연즉然則'은 앞 내용을 받아들이면서 그것을 전제로 새로

운 논지를 펼 때 앞뒤 문장을 이어 준다.

是進亦憂, 退亦憂, **然則**何時而樂耶. <岳陽樓記>

이는 나아가도 또한 근심하고, 물러나도 또한 근심하는 것이다. 그렇다면 어느 때에 즐거워했는가.

晚置太子可也, **然則**晚置太子, 庶孽不亂. <韓非子>

늦게(만晚) 태자太子를 세우더라도(치置) 괜찮다. 그렇다면 늦게 태자를 세우더라도 서얼庶孽들이 난을 일으키지 않을 것이다.

百工之事, 固不可耕且爲也, **然則**治天下獨可耕且爲歟. <孟子>

백공百工의 일은, 진실로(고固) 농사를 지으면서 할 수 없다. 그렇다면 천하를 다스리는 일은 유독 농사를 지으면서 할 수 있겠는가(여歟).

⑨ 접미사.

☞ '연然'은 사물을 형용하는 접미사로 모양이나 상태를 나타낸다.

天油**然**作雲, 沛**然**下雨, 則苗浡**然**興之矣. <孟子>

하늘에 뭉게뭉게(유연油然) 구름이 피어오르고, 세차게(패연沛然) 비가 내리면, 싹(묘苗)이 불쑥 솟아(발연浡然) 일어납니다.

在室慵坐, 在途慵行, 茫茫**然**若木偶人也. <慵夫傳>

방에서(재在)는 게을리(용慵) 앉고, 길(도途)에서는 게을리 걸으니, 멍하니(망망연茫茫然) 나무 인형(우인偶人) 같았다.

孔子喟**然**歎曰, 嗚呼, 惡有滿而不覆者哉. <說苑>

공자께서는 한숨 쉬며(위연喟然) 탄식하면서 말씀하셨다. "아(오호嗚呼), 어찌(오惡) 가득 차고도 엎어지지(복覆) 않는 것이 있겠는가."

46. 庸(용)

① 쓰다 · 등용하다 · 고용하다.

名一藝者, 無不庸. <進學解>

하나의 재주(예藝)라도 이름난 사람은, 등용登用하지 않음이 없다.

無稽之言勿聽, 弗詢之謀勿庸. <書經>

상고詳考함(계稽)이 없는 말을 듣지 말며, 묻지(순詢) 않은 계책(모謀)을 쓰지 마라.

太公望, 齊之逐夫, 朝歌之廢屠, 子良之逐臣, 棘津之讎, 不庸. <戰國策>

태공망太公望은 제齊나라에서 아내에게 쫓겨난(축逐) 필부匹夫요, 조가朝歌의 쓸모없는(폐廢) 백정(도屠)이었으며, 자량子良의 쫓겨난 신하로, 극진棘津에서는 품팔이를 하였지만(수讎 · 수售), 누구도 고용하지 않았다.

② 범상凡常하다.

庸人尙羞之, 況於將相乎. <史記>

평범한 사람도 오히려 부끄럽게 여기는데(수羞), 하물며(황況) 장상將相에서랴.

天下本無事, 庸人擾之爲煩耳. <新唐書>

세상에는 본래 아무 일이 없는데, 범속凡俗한 사람들이 이를 어지럽혀(요擾) 번잡煩雜할 뿐이다.

處勢而驕下者, 庸主之所易也. <韓非子>

권세權勢의 지위에 있으면서 아랫사람에게 교만驕慢한 것은, 평범한 군주가 쉽게 하는(이易) 것이다.

③ 공적.

無功庸者, 不敢居高位. <國語>

공(공용功庸)이 없는 사람은, 높은 지위에 감히 처하지 못한다.

殺之而不怨, 利之而不庸. <孟子>

죽여도 원망怨望하지 않으며, 이롭게 하여도 공으로 여기지 않는다.

善學者, 師逸而功倍, 又從而庸之. <禮記>

잘 배우는 사람은, 스승이 편안하면서도(일逸) 공공功을이 배倍가 되고, 또 따라서 스승에게 공을 돌린다.

④ 어찌·어떻게.

雖王之國, 庸獨利乎. <漢書>

비록(수雖) 왕의 나라지만, 어찌 홀로 이로울 수 있겠는가.

庸知其年之先後生於吾乎. <師說>

어찌 나이가 나보다(어於) 앞에 나고 뒤에 남을 알겠는가.

縱夫子驚祿爵, 吾庸敢驚霸王乎. <呂氏春秋>

비록(종縱) 선생이 녹祿과 벼슬(작爵)을 가볍게 여길지라도(오驚), 내가 어찌 감히 패왕霸王을 가볍게 여기겠습니까.

⑤ 어리석다·용렬하다.

微臣庸愚, 固不足以參大政. <三國史記>

미천微賤한 신신臣은 용렬庸劣하고 어리석어, 진실로(고固) 중대한
국정에 참여參與할 수 없습니다.

所謂庸人者, 心不存愼終之規. <孔子家語>

이른바 용렬庸劣한 사람은, 마음에 끝을 삼가야(신愼) 할 규칙規
則을 두지 않는다.

病臥於床, 委之庸醫, 比之不慈不孝. <近思錄>

병으로 침상에 누워 있는데, 용렬한 의사에게 맡김(위委)은, 사랑
하지(자慈) 않고 효도하지 않음에 견준다(비比).

⑥ 품 팔다.

若爲庸耕, 何富貴也. <史記>

네(약若)가 밭갈이 품을 팔아(용傭), 어떻게 부귀해지겠는가.

比歲不登, 流庸未還. <通鑑>

근년(비세比歲)에 흉년이 들어, 떠돌며 품팔이하는 자(유용流庸)가
아직 돌아오지(환還) 못하였다.

傅說被褐帶索, 庸築乎傅巖. <墨子>

부열傅說(은나라 현신)이 거친 베옷(갈褐)을 입고(피被) 허리에 새
끼줄(삭索)을 두르고(대帶), 부암傅巖에서(호乎) 성을 쌓는(축築)
품팔이를 하였다.

47. 用(용)

① 쓰다 · 사용하다 · 부리다. 〈사물〉

子爲政, 焉用殺. <論語>

그대는 정치를 함에, 어찌(언焉) 죽임을 쓰려는가.

新制二十八字, 欲使人人易習, 便於日用耳. <訓民正音序>

새로 스물여덟 자를 만드니(제制), 사람들로 하여금 쉽게(이易) 익혀, 일상 쓰임에 편리便利하게 하고자 할(욕欲) 뿐이다.

使虎釋其爪牙, 而使狗用之, 虎則反服於狗矣. <韓非子>

호랑이로 하여금 그 발톱(조爪)과 어금니(아牙)를 풀게(석釋) 하고, 개로 하여금 이를 사용하게 한다면, 호랑이는 도리어(반反) 개에게 굴복屈服당할 것이다.

② 쓰다 · 부리다. 〈사람〉

疑人莫用, 用人勿疑. <明心寶鑑>

남을 의심疑心하거든 쓰지 말고, 남을 쓰거든 의심하지 마라.

雖楚有材, 晋實用之. <左傳>

비록 초楚나라에 인재人材가 있지만, 진晋나라에서 실제로(실實) 이들을 씁니다. *楚材晋用(초재진용)인재가 바깥으로 흘러 나가 다른 나라에 의해 쓰임.

古之善用人者, 必循天順人, 而明賞罰. <韓非子>

옛날에 사람을 잘 쓰는 자는, 반드시 천시天時에 따르고(순循) 인정에 순응順應하여, 상벌賞罰을 분명分明히 하였다.

③ 등용하다.

大丈夫生世, 用於國, 則以死報國. <李忠武公全書>

대장부가 세상에 나서, 나라에 등용되면, 죽음으로써 나라에 보답
報答한다.

用之則行, 舍之則藏, 惟我與爾有是夫. <論語>

써 주면 도를 행하고 버리면(사舍) 은둔하는(장藏) 것은, 오직(유
惟) 나와(여與) 너(이爾)만이 이것이 있을 뿐이도다(부夫). *用舍
行藏(용사행장)써 주면 도를 행하고 버리면 은둔함.

古之學者, 未嘗求仕, 學成則爲上者, 擧而用之. <擊蒙要訣>

옛날의 학자들은 일찍이 벼슬(사仕)을 구하지 않았고, 학문이 이
루어지면 윗사람이 된 자가, 천거薦擧해서 등용하였다.

④ ~로써. 〈전치사/수단·방법·도구〉

☞ '용用'이 전치사로 쓰이는 경우 전치사 '이以'와 통한다.

用此觀之, 人之欲爲善者, 爲性惡也. <荀子>

이로써 본다면, 사람들이 선해지려고 하는 것은, 본성本性이 악하
기 때문이다.

吏用苛暴立威, 旁緣莽禁, 侵刻小民. <通鑑節要>

관리들이 가혹苛酷과 난폭亂暴으로 권위權威를 세우고, 왕망王莽
의 금법禁法에 인연因緣(방연旁緣)하여, 약한 백성을 침각侵刻(침
해)하였다.

直用管窺天, 用錐指地也, 不亦小乎. <莊子>

단지(직直) 대롱(관管)으로 하늘을 보고(규窺), 송곳(추錐)으로 땅 깊이를 가리키는(지指) 것이니, 또한 좁지 않겠는가. *用管窺天(용관규천)식견이 매우 좁음. *用錐指地(용추지지)조그마한 지식으로 큰 도리를 깨달으려 함.

⑤ ~때문에. 〈전치사/원인〉

用善騎射, 殺首虜多, 爲漢中郎. <史記>

이광李廣은 말을 잘 타고 활을 잘 쏘고, 적을 죽이고 많이 사로잡았기 때문에, 한漢의 중랑장中郎이 되었다.

伯夷叔齊不念舊惡, 怨是用希. <論語>

백이伯夷와 숙제叔齊는 옛날의 나쁜 것을 생각하지 않았다. 원망怨望하는 일이 이 때문에 적었다(희希).

王前欲伐齊, 員强諫, 已而有功, 用是反怨王. <史記>

왕께서 전에 제齊나라를 정벌하려고 하셨을 때, 오원伍員(오자서伍子胥)이 강강强强하게 간언諫言하였고, 그 후(이이已而) 공이 있었으나, 이 때문에 도리어(반反) 왕을 원망怨望했습니다.

⑥ 用ⓐ爲ⓑ : ⓐ를 ⓑ라고 하다.(삼다·여기다·생각하다)

☞ '以ⓐ爲ⓑ'와 같은 용법이다.

朝湌夕安寢, 用是爲身謀. <白居易詩>

아침에는 밥 먹고(찬湌) 저녁에는 편히 자며(침寢), 이것을 신모身謀(자기 몸을 지키기 위한 꾀)로 삼았다.

庸知子用非爲是, 用是爲非乎. <說苑>

어떻게(용庸) 네(자子)가 그른 것(비非)을 옳다고(시是) 하고, 옳은 것을 그르다고 할지 알겠느냐.

48. 爲(위)

① 하다.

見義不爲, 無勇也. <論語>

의義를 보고 행하지 않음은, 용기勇氣가 없는 것이다.

無爲其所不爲, 無欲其所不欲. <孟子>

하지 않아야 할 것을 하지 말고(무無), 욕심欲心내지 않아야 할 것을 욕심내지 말아야 한다.

道雖邇, 不行不至, 事雖小, 不爲不成. <荀子>

길이 비록(수雖) 가까울지라도(이邇), 가지 않으면 이르지 못하고, 일이 비록 작을지라도, 하지 않으면 이루지 못한다.

② 되다. 〈자동사〉

竊鉤者誅, 竊國者爲諸侯. <莊子>

갈고리(구鉤)를 훔친(절竊) 자는 벌을 받고(주誅), 나라를 훔친 자는 제후諸侯가 된다.

橘生淮南則爲橘, 生淮北則爲枳. <晏子>

귤(귤橘)이 회남淮南에서 나면 귤이 되고, 회북淮北에서 나면 탱자(지枳)가 된다. *南橘北枳(남귤북지)사람도 환경에 따라 변함을 비유함.

源遠之水, 旱亦不竭, 流斯爲川, 于海必達. <龍飛御天歌>

근원이 먼 물은, 가물어도(한旱) 또한 마르지(갈竭) 아니하며, 흘러 이에(사斯) 내가 되어, 반드시 바다에(우于) 이른다(달達).

③ 위하다.

庖丁爲文惠君, 解牛. <莊子>

포정庖丁이 문혜文惠왕을 위해서, 소를 잡았다. *庖丁解牛(포정해우)포정이 소의 뼈와 살을 발라낸다는 뜻으로, 어떤 일에 뛰어난 솜씨를 일컬음.

蓋仕者爲人, 非爲己也. <擊蒙要訣>

대개(개蓋) 벼슬(사仕)은 남을 위하는 것이지, 자신을 위하는 것이 아니다.

士爲知己者死, 女爲悅己者容. <戰國策>

선비는 자기를 알아주는 자를 위하여 목숨을 바치고, 여자는 자기를 즐겁게(열悅) 해 주는 사람을 위하여 얼굴을 꾸민다(용容).

④ ~이다. 〈연계동사〉

☞ '위爲'는 주어와 보어<명사·명사구> 사이에 놓여 이를 연결하는 역할을 하는 연계동사로, 일반 동사와 달리 동작성은 없고, 판단작용을 한다.

天所賦爲命, 物所受爲性. <近思錄>

하늘이 부여賦與한 것이 명命이요, 물건이 받은(수受) 것이 성性이다.

勤爲無價之寶, 愼是護身之符. <明心寶鑑>

부지런함(근勤)은 값으로 따질 수 없는 보배(보寶)요, 삼감(신愼)은 몸을 보호保護하는 부적符籍이다(시是).

父母之愛其子爲慈, 子之善事親爲孝. <退溪集>

부모가 그 자식을 사랑하는 것이 자애(자慈)이고, 자식이 부모를 잘(선善) 섬기는(사事) 것이 효이다.

⑤ 삼다 · 여기다 · 생각하다.

☞ 주로 '以ⓐ爲ⓑ'의 형태로 쓰며, 'ⓐ를 ⓑ라고 하다.(삼다 · 여기다 · 생각하다)'로 풀이한다.

堯以不得舜爲己憂. <孟子>

요堯는 순舜을 얻지 못함을 자기의 근심(우憂)으로 삼았다.

我以不貪爲寶, 爾以玉爲寶. <左傳>

나는 탐貪하지 않는 것을 보물로 여기고, 너(이爾)는 옥을 보물로 여긴다.

王者以民爲天, 而民以食爲天. <漢書>

임금은 백성을 하늘로 여기고 백성은 먹을 것을 하늘로 여긴다.

⑥ 만들다.

百工爲方以矩, 爲圓以規. <墨子>

모든 장인(공工)은 곱자(구矩)로 네모(방方)를 만들고, 그림쇠(규規)로 원圓을 만든다.

木直中繩, 輮以爲輪, 其曲中規. <荀子>

나무가 곧아 먹줄(승繩)에 맞는다 하더라도(중中), 굽히어(유輮) 수레바퀴(륜輪)를 만들면, 그 굽은 것이 그림쇠(규規)에 들어맞는다.

粉甘葛笋咬爲筆, 核爛榴房剖作盃. <黃玹詩>

분말(분粉) 달콤한 칡(갈葛) 순笋을 씹어서(교咬) 붓을 만들고, 씨(핵核) 곱게 익은(란爛) 석류石榴를 쪼개서(부剖) 술잔(배盃)을 만든다.

⑦ ~라고 하다.

元方難爲兄, 季方難爲弟. <世說新語>

원방元方을 형이라고 하기가 어렵고, 계방季方을 아우라고 하기가 어렵다. *難兄難弟(난형난제)누가 더 낫다고 할 수 없을 정도로 서로 비슷함.

知之爲知之, 不知爲不知, 是知也. <論語>

아는 것을 안다고 하고, 모르는 것을 모른다고 하는 것이, 아는 것이다.

自今以來除謚法, 朕爲始皇帝. <十八史略>

이제부터(자自) 이후로 시호법謚號法을 없애고(제除), 짐朕을 시황제始皇帝라고 한다.

⑧ 당하다. 〈피동〉

☞ '위爲'는 동사 앞에 놓여 동작의 피동을 나타내는 피동보조
사이며, 뒤의 동사는 목적어가 된다.

厚者爲戮, 薄者見疑. <韓非子>
관계가 두터운(후厚) 사람은 죽임(륙戮)을 당하고, 적은(박薄) 사
람은 의심을 받았다(견見).

父母宗族, 皆爲戮沒. <史記>
부모와 종족宗族이, 다 몰살沒殺을 당하였다.

身死人手, 爲天下笑者, 何也. <過秦論>
몸이 남의 손에 죽어, 천하 사람들의 비웃음(소笑)을 받음은 무엇
때문인가.

☞ 爲ⓐ所ⓑ : ⓐ에게 ⓑ당하다.

澹泊之士, 必爲濃艶者所疑. <菜根譚>
담박澹泊한 선비는 반드시 호화로운(농염濃艶) 자에게 의심을 받
는다.

人之丹府本靜, 爲物欲所散亂. <旅軒集>
사람의 참마음(단부丹府)은 본래(본本) 고요한데(정靜), 물욕物欲
에 의해 산란散亂하게 된다.

雖自以與漢王爲厚交, 爲之盡力用兵, 終爲之所禽矣. <史記>
비록 스스로 한왕漢王과 함께하는 것을(이以) 두터운 교제를 한다
고 생각하고(위爲), 그를 위해(위爲) 힘을 다하여 군대를 지휘하지
만, 결국(종終) 그에게 붙잡히게(금禽·금擒) 될 것이다.

⑨ 때문에. 〈원인〉

孔子何爲, 而作春秋哉. <史記>

공자께서는 무엇 때문에, <춘추春秋>를 지으셨습니까(재哉).

爲其老, 彊忍, 下取履. <史記>

그가 노인이었기 때문에, 억지로(강彊) 참고, 다리 아래로 내려가
서 신(리履)을 주워 왔다.

豪貴之家, 競相傳寫, 洛陽爲之紙貴. <晉書>

부유하고 권세 있는(호귀豪貴) 집안들이, 다투어(경競) 돌려가며
베껴 쓰니(전사傳寫), 낙양洛陽은 그것(지之) 때문에 종이가 비싸
졌다(귀貴). *洛陽紙價貴(낙양지가귀)책이 널리 읽혀 매우 잘 팔리
는 것을 이름.

☞ '위爲'는 다른 동사를 대신할 수 있어, 문맥에 따라서 적절
  하게 풀이한다.

秦伯使醫緩爲之. <左傳>

진백秦伯(진나라 군주)이 의완醫緩을 보내 그를 치료하게 하였다.

爲蛇足者, 終亡其酒. <戰國策>

뱀(사蛇)의 발을 그리려던 사람은, 결국(종終) 술을 잃었다(망亡).

吾女香娘, 若非李郎之故, 胡爲乎獄中. <春香傳>

내 딸 향랑香娘이 만약 이 도령과의 연고緣故가 아니었다면, 어
찌(호胡) 옥중獄中에 있겠는가.

古人爲詩, 貴於意在言外, 使人思而得之. <詩人玉屑>

고인이 시를 지음에, 뜻이 말 밖에 있는 것을(어於) 귀하게 여기

니(귀貴), 사람들로 하여금 생각하게 하여 얻게 하였다.

49. 有(유)

① 있다. 〈존재동사〉

☞ 존재동사 '유有'는 사물이 있음을 나타내며, 有의 뒤 보어
는 주어처럼 '~이(가)'로 풀이한다.

德不孤, 必有隣. <論語>

덕이 있는 사람(덕德)은 외롭지(고孤) 않으며, 반드시 이웃(린隣)
이 있다.

夫有陰德者, 必有陽報. <淮南子>

무릇 음덕陰德(알려지지 않은 덕행)이 있는 사람은 반드시 양보陽
報(드러나는 보답)가 있다.

勿謂今日不學, 而有來日. <朱文公勸學文>

오늘 배우지 아니하고, 내일이 있다고 말하지 마라(물勿).

② 가지다·소유하다.

舜有天下也, 孰與之. <孟子>

순舜이 천하를 소유한 것은, 누가(숙孰) 그에게 주신(여與) 것입니까.

苟非吾之所**有**, 雖一毫而莫取. <前赤壁賦>

진실로(구苟) 나의 소유가 아니면, 비록(수雖) 한 터럭(호毫)일지라도 취取하지 말아야 한다.

汝身非汝**有**也, 汝何得**有**夫道. <莊子>

당신(여汝)의 몸도 당신이 가진 것이 아닌데, 당신이 어떻게 저(부夫) 도道를 가질 수 있겠습니까.

③ 또·그리고 〈접속사〉

☞ '유有'는 접속사로 '우又'의 의미이며, 단위 수와 단위 수 사이에 위치한다.

吾十**有**五, 而志于學. <論語>

나는 열다섯 살에, 학문에 뜻을 두었다.

朞三百**有**六旬**有**六日. <書經>

기년朞年은 삼백육십육 일이다.

由堯舜至於湯, 五百**有**餘歲. <孟子>

요순堯舜으로부터(유由) 탕왕湯王에 이르기까지 오백여 년이다.

文嘗好客, 遇客無所敢失, 食客三千**有**餘人. <史記>

나(전문田文. 맹상군孟嘗君)는 항상 빈객을 좋아해서, 빈객을 대우待遇하는 데 감히 실수가 없어, 식객이 삼천여 명이었다.

④ 어떤.

有客扣我門, 繫馬門前柳. <蘇軾詩>

어떤 손님이 우리 집 문을 두드리고(구扣), 말을 문 앞 버드나무에 매어 놓았네(계繫).

孔子過泰山側, 有婦人哭於墓者而哀. <禮記>

공자가 태산泰山 옆(側측)을 지나가는데(과過), 어떤 부인이 무덤에서 곡哭하며 슬퍼하고 있었다.

時有人於嵩高山下, 得竹簡一枚, 上兩行科斗書. <晉書>

당시에 어떤 사람이 숭고산嵩高山 아래에서, 죽간竹簡 일매一枚를 얻었는데, 위 두 줄(항行)은 과두서科斗書였다. *科斗書(과두서)과두서蝌蚪書. 전문篆文 이전에 사용된 최고最古의 글자로, 획이 올챙이 모양을 닮았다 하여 이렇게 일컬음.

50. 猶(유)

① 오히려. 〈부사/강조〉

終身行善, 善猶不足. <明心寶鑑>

종신終身토록 선을 행하더라도, 선은 오히려 부족不足하다.

一飯三吐哺, 猶恐失天下之士. <韓詩外傳>

밥 한 끼 먹다가도 세 번이나 입 안의 음식(포哺)을 토해 냈음(토吐)은, 오히려 천하의 인재를 잃을까 두려워했기 때문이다. *吐哺握髮(토포악발)먹던 것을 뱉고 감고 있던 머리를 거머쥔다는 뜻으로, 손님이 오면 황급遑急히 나가 맞이한다는 의미로, 현사賢士를 얻기 위해 애씀을 이름.

草木亦霑周雨露, 愧君猶食首陽薇. <成三問詩>

초목 또한 주周나라 비와 이슬에 젖어(점霑) 컸는데, 그대(군君)가
오히려 수양산首陽山 고사리(미薇)를 먹은 것이 부끄럽구나(괴愧).

② 같다. 〈형용사/비교〉

過猶不及. <論語>

지나침(과過)은 미치지(급及) 못함과 같다.

孤之有孔明, 猶魚之有水也. <三國志>

내(고孤)가 공명孔明이 있음은, 물고기가 물이 있는 것과 같다.

人之有是四端也, 猶其有四體也. <孟子>

사람이 이 사단四端(인의예지仁義禮智)을 가지고 있는 것은, 그가
사체四體(사지四肢)를 가지고 있는 것과 같다.

③ 여전히·그대로.

三徑就荒, 松菊猶存. <歸去來辭>

세 오솔길(경徑)은 황폐荒弊해져도, 소나무 국화는 그대로 있네.

伯魚之喪母也, 期而猶哭. <孔子家語>

백어伯魚가 어머니를 잃음에, 기년期年이 되었는데도 여전히 곡哭
하고 있었다.

落花岩畔花猶在, 風雨當年不盡吹. <洪春卿詩>

낙화암落花岩가(반畔)에 꽃이 아직도 있으니, 비 오고 바람이 불
던 당년當年에 다(진盡) 불지는(취吹) 않았나 보다. *不盡(부진)다
~하지는 않다.<부분부정>

51. 以(이)

① ~로써 · ~을 가지고 〈전치사/수단 · 방법 · 도구〉

君子**以**文會友, **以**友輔仁. <論語>

군자는 문文으로 벗을 모으고, 벗으로 인仁을 돕는다(보輔).

以五十步笑百步, 則何如. <孟子>

오십 보로써 백 보를 비웃으면(소笑), 어떻습니까. *五十步百步(오
십보백보)차이가 별로 없음.

人主**以**二目視一國, 一國**以**萬目視人主. <韓非子>

지금 군주는 두 눈으로 온 나라를 보지만(시視), 나라에서는 만
개의 눈으로 군주를 보고 있습니다.

② ~때문에. 〈전치사/원인〉

不**以**物喜, 不**以**己悲. <岳陽樓記>

남(물物) 때문에 기뻐하지 않고, 자기(기己) 때문에 슬퍼하지 않는다.

始吾已許之, 豈**以**死倍吾心哉. <史記>

애초에 내 마음은 이미(이已) 그것을 허락許諾하였거늘, 어찌 죽
었다고 하여서 내 마음을 배반(패倍)하겠는가.

且夫芷蘭生於深林, 非**以**無人而不芳. <荀子>

대저(차부且夫) 지초(지芷)와 난초(란蘭)는 깊은 숲에서 자라지만,
사람이 없다고 하여 향기가 나지(방芳) 않는 것이 아니다.

③ ~로서. 〈전치사/자격・지위〉

秦王以國士遇我. <通鑑>

진왕秦王이 국사國士로 나를 대우待遇하였다.

以臣弑君, 可謂仁乎. <史記>

신하로서 임금을 죽이는(시弑) 것을, 어질다고 할 수 있습니까.

翌日, 以資政殿學士行. <指南錄後序>

다음 날(익일翌日), 자정전資政殿 학사學士로서 갔다.

④ ~을・를. 〈전치사/목적〉

☞ '가假・증贈・유遺'는 수여동사로 대상을 가리키는 보어(간
접목적어)와 사물을 가리키는 직접목적어를 취한다. 직접목
적어 앞 '이以'는 생략할 수 있다.

大塊假我以文章. <春夜宴桃李園序>

천지(대괴大塊)는 나에게 문장력을 빌려주었다(가假).

君子贈人以言, 庶人贈人以財. <荀子>

군자는 좋은 말을 주고(증贈), 서인庶人은 재물을 준다.

父母遺我以身, 而擧天下之物, 無以易此身矣. <擊蒙要訣>

부모가 나에게 몸을 주셨으니(유遺), 천하의 물건을 들어서도(거
擧), 이 몸과 바꿀(역易) 수 없다.

☞ '이以'는 목적어를 술어 앞으로 도치시키는 역할을 한다.

以其兄之子妻之. <論語>

공자께서 형의 딸을 그에게(남용南容) 시집보내셨다(처妻).

堯以天下與舜, 有諸. <孟子>

요堯가 천하를 순舜에게 주었다(여與) 하니, 그런 일이 있습니까.

*諸(저)그것이 ~입니까.<之乎之乎>

但常以自卑尊人底意思, 存諸胸中, 可也. <擊蒙要訣>

다만 항상 자신을 낮추고 남을 높인다(자비존인自卑尊人)는 생각을, 가슴속(흉중胸中)에 두는(존存) 것이 옳다.

⑤ ~에. 〈전치사/시간〉

☞ '이以'가 시간이나 때를 나타내는 말 앞에 위치하며, '어於'와 쓰임이 통한다.

夫餘以殷正月, 祭天. <三國志>

부여夫餘에서는 은정월殷正月(음력 12월)에, 하늘에 제사祭祀 지냈다.

以秦昭王四十八年正月, 生於邯鄲. <史記>

(진시황은) 진소왕秦昭王 48년 정월에, 한단邯鄲에서 태어났다.

高句麗常以春三月三日, 會獵樂浪之丘. <三國史記>

고구려는 항상 봄 3월 3일에, 낙랑樂浪의 언덕(구丘)에 모여 사냥하였다(렵獵).

⑥ ~하여. 〈접속사/순접〉

立身行道, 以顯父母, 孝之終也. <孝經>

몸을 세워 도를 행하여, 부모를 드러냄(현顯)이, 효의 마침이다.

悅親戚之情話, 樂琴書以消憂. <歸去來辭>

친척親戚과의 정다운 이야기를 즐거워하고(열悅), 거문고와 책을 즐겨 근심을 없앤다(소消).

積金以遺子孫, 未必子孫能盡守. <明心寶鑑>
돈을 모아서(적積) 자손에게 남겨 주어도(유遺), 자손이 반드시 다(진盡) 지킬 수 있는 것은 아니다. *未必(미필)반드시 ~한 것은 아니다.<부분부정>

⑦ 이유·까닭. 〈명사〉

古人秉燭夜遊, 良有以也. <春夜宴桃李園序>
옛날 사람이 촛불을 잡고(병秉) 밤에 놀았던 것은, 진실로(량良) 까닭이 있었다.

孔子悼道不行, 設浮桴於海, 欲居九夷, 有以也夫. <通鑑>
공자가 도道가 행하여지지 않음을 슬퍼하여(도悼), 바다에 배(부桴·뗏목)를 띄워, 구이九夷에 살고자 하셨던 것은, 이유가 있었도다.

夫巧者勞而智者憂, 常爲人所役使, 更覺爲累, 韋仲將遺戒, 深有以也. <顔氏家訓>
무릇 재주 있는 자는 고달프고, 지혜로운 자는 근심이 많아, 늘 남에게 부림(역사役使)을 당하여, 더욱(갱更) 힘들게(루累) 느껴질 것이니, 위중장韋仲將(위탄韋誕)이 남긴 경계警戒는 심히 까닭이 있다.

⑧ 쓰다·하다·등용하다. 〈동사〉

忠不必用兮, 賢不必以. <楚辭>

충성스러운 사람이 반드시 등용되는 것은 아니며, 어진 이도 반드시 쓰지는 않는다. *不必(불필)반드시 ~한 것은 아니다.<부분부정>

如有政, 雖不吾以, 吾其與聞之. <論語>

만약(여如) 정무政務가 있었다면, 비록(수雖) 나를 등용하지 않았지만, 그 일을 함께 들었을 것이다.

夏后氏以松, 殷人以柏, 周人以栗. <論語>

하후씨夏后氏는 소나무를 썼고, 은나라 사람은 측백나무(백柏)를 썼고, 주나라 사람은 밤나무(률栗)를 썼다.

⑨ 관용적 표현.

☞ 無以~ : ~할 수 없다.

祖母無臣, 無以終餘年. <陳情表>

조모祖母는 신이 없으면, 남은 생(여년餘年)을 마칠 수 없을 것입니다.

不積小流, 無以成江海. <荀子>

작은 흐름이 쌓이지 않으면, 강물과 바다가 될(성成) 수 없다.

教我者爲師, 非師無以學問. <學語集>

나를 가르치는 사람은 스승이니(위爲), 스승이 아니면 배우고 물을 수 없다.

☞ 有以~ : ~할 수 있다.

非人者, 必有以易之. <墨子>

남을 그르다고(비非) 하는 자는, 반드시 그것을 바꿀 수 있어야 한다.

叟不遠千里而來, 亦將有以利吾國乎. <孟子>

노인(수叟)께서 천 리를 멀다 하지 않고 오셨으니, 또한 장차 내 나라를 이롭게 할 수 있겠습니까.

明主之治也, 縣爵祿以勸其民, 民有利于上, 故主有以使之. <管子>
현명한 군주의 다스림은, 작록爵祿을 걸어 놓고(현縣) 그 백성들을 권면勸勉하여, 백성이 군주에게 이로움이 있는 까닭에, 군주는 그들을 부릴(사使) 수 있다.

☞ 以ⓐ爲ⓑ : ⓐ를 ⓑ라고 하다.(삼다·여기다·생각하다)

酒以不勸爲歡, 棋以不爭爲勝. <菜根譚>
술은 권勸하지 않음을 기쁨(환歡)으로 삼고, 바둑(기棋)은 다투지(쟁爭) 않음을 이김으로 삼는다.

克己以勤儉爲先, 愛衆以謙和爲首. <明心寶鑑>
극기克己는 근검勤儉을 우선으로 삼고, 남을 사랑하는 것은 겸손謙遜과 화합和合을 첫째로 삼는다.

吾嘗三仕, 三見逐於君, 鮑叔不以我爲不肖. <史記>
내가 일찍이 세 번 벼슬하여, 세 번 임금에게 쫓김(축逐)을 당했으나(견見), 포숙은 나를 못났다고(불초不肖) 하지 않았다.

☞ 以爲 : ～라고 하다.(삼다·여기다·생각하다)

人以爲口有蜜腹有劍. <十八史略>
사람들은 입에는 꿀이 있고 배(복腹)에는 칼(검劍)이 있다고 생각하였다. *口蜜腹劍(구밀복검)말로는 친한 체하나 속으로는 미워하거나 해칠 생각이 있음을 비유적으로 이름.

鄒人與楚人戰, 則王**以爲**孰勝. <孟子>

추鄒나라 사람이 초楚나라 사람과 싸운다면, 왕께서는 누가(숙孰) 이기리라고 생각하십니까.

見寢石, **以爲**伏虎也, 見植木, **以爲**立人也. <荀子>

누워 있는(침寢) 바위를 보고, 엎드려 있는(복伏) 호랑이로 여기고, 서 있는 나무를 보고, 서 있는 사람으로 여기다.

52. 而(이)

① ~하고 · ~하여서. 〈접속사/순접〉

智窮於學成, **而**裕於自得. <盜子說>

지혜智慧는 배워 이루어진 것에서는 궁窮하고, 스스로 얻음에서는 넉넉하다(유裕).

君子不鏡於水, **而**鏡於人. <墨子>

군자는 물을 거울(경鏡)로 하지 않고, 사람을 거울로 한다.

儒以文亂法, **而**俠以武犯禁. <史記>

선비는 문文으로 법을 어지럽히고(난亂), 협객俠客은 무武로 금禁함을 범犯한다.

② ~이나·~인데·~이지만. 〈접속사/역접〉

人不知而不慍, 不亦君子乎. <論語>

남이 알아주지 않아도 성내지(온慍) 아니하면, 또한 군자답지 아니한가.

千里馬常有, 而伯樂不常有. <雜說>

천리마千里馬는 항상(상常) 있으나, 백락伯樂은 항상 있지는 않다.
*不常(불상)항상 ~하지는 않는다.<부분부정>

君子有三樂, 而王天下, 不與存焉. <孟子>

군자에게 삼락三樂이 있는데, 천하에 왕 노릇 함은, 여기에(언焉) 더불어(여與) 있지 않다. *君子三樂(군자삼락)부모가 살아계시며 형제가 무고하고, 하늘과 사람에게 부끄러울 것이 없고, 영재를 얻어 교육을 시키는 것.

③ ~이면. 〈접속사/가정〉

以財交者, 財盡而交絶. <戰國策>

재물財物로 사귄 자는, 재물이 다하면(진盡) 그 사귐이 끊어진다.

水積而魚聚, 木茂而鳥集. <淮南子>

물이 깊어지면 물고기들이 모여들고(취聚), 나무가 무성茂盛하면 새들이 날아든다.

人人親其親, 長其長, 而天下平. <孟子>

사람마다 어버이를 어버이로 대접하고, 어른을 어른으로 대접하면, 천하가 평안해질 것이다.

④ 접미사.

☞ '이而'는 접미사로 술어 앞에 놓인 시간이나 때를 뜻하는 말 뒤에 위치한다.

七十而從心所欲, 不踰矩. <論語>

일흔 살에 마음에 하고자 하는 바를 좇아도(종從), 법도(구矩)를 넘지(유踰) 않았다.

始而入之不擇也, 終而遇之以犬彘也, <廣士>

처음에는 그들(지之)을 받아들임을 가리지(택擇) 않다가, 끝내는 그들을 개나 돼지(체彘)로 대우待遇한다.

少而好學, 如日出之陽, 壯而好學, 如日中之光, 老而好學, 如炳燭 之明. <說苑>

어려서 학문을 좋아하는 것은, 해가 떠오를 때의 햇빛과 같고, 장 성해서 학문을 좋아하는 것은, 해가 중천에 오를 때의 햇빛과 같 고, 늙어서 학문을 좋아하는 것은, 촛불을 밝힌(병炳) 밝음과 같다.

☞ '기이旣而·이이已而·아이俄而·심이尋而'는 '오래지 않아' 로 풀이한다.

尋而有娠, 二十月而生庾信. <三國史記>

오래지 않아 아이를 잉태하여(신娠), 스무 달 만에 유신庾信을 낳 았다.

俄而又譽其矛曰, 吾矛之利, 物無不陷也. <韓非子>

얼마 뒤에 또 창(모矛)을 자랑하여(예譽), '내 창의 날카로움(리利) 은 어떤 물건도 뚫지(함陷) 못함이 없다.'라고 하였다.

楚成王以商臣爲太子, **旣而**又欲置公子職. <韓非子>

초성왕楚成王이 상신商臣을 태자로 삼았다가, 얼마 안 되어 다시 (우又) 공자公子 직職을 태자로 세우려고(치置) 하였다.

⑤ 너 · 당신. 〈인칭대명사/2인칭〉

☞ '이而'는 주격과 소유격으로 쓰이며, 목적격으로는 쓰이지 않는다.

余, **而**所嫁婦人之父也. <春秋>

나는(여余) 당신이 재가再嫁시킨 부인의 아비 되는 사람이오.

夫差, **而**忘越人之殺**而**父耶. <十八史略>

부차夫差야, 너는 월越나라 사람이 네 아버지를 죽인 것을 잊었느냐(야耶).

若能入**而**國武庫割破鼓角, 則我以禮迎 不然則否. <三國史記>

만약 너의 나라 무기고武器庫에 들어가 북과 나팔(고각鼓角)을 찢고(할割) 깨뜨릴 수 있다면, 나는 예로써 맞이하고(영迎), 그렇지 않으면 않겠다(부否).

⑥ 뿐 · 따름. 〈종결사/한정〉

☞ '이而'는 주로 '이已 · 이의已矣' 등과 연용하여 '이이而已 · 이이의而已矣' 등으로 쓴다.

豈不爾思, 室是遠**而**. <論語>

어찌 그대(이爾)를 생각하지 않겠는가. 집이 멀 뿐이로다.

天下之所可畏者, 唯民而已. <豪民論>

천하가 오직 두려워하는(외畏) 것은, 오직(유唯) 백성일 뿐이다.

王何必曰利, 亦有仁義而已矣. <孟子>

왕은 어찌 반드시 이利를 말씀하십니까. 또한 인仁과 의義가 있을 뿐입니다.

53. 已(이)

① 이미 · 벌써. 〈부사/시간〉

萬事分已定, 浮生空自忙. <明心寶鑑>

모든 일은 분수가 이미 정定해져 있는데, 덧없는 인생(부생浮生)이 부질없이(공空) 스스로 바쁘구나(망忙).

悟已往之不諫, 知來者之可追. <歸去來辭>

이미 지나간 일을 탓할(간諫) 수 없음을 깨닫고(오悟), 올 것을 따를(추追) 수 있음을 알았다.

漢皆已得楚乎, 是何楚人之多也. <史記>

한漢나라가 이미 다(개皆) 초楚나라를 얻었는가, 이 어찌 초나라 사람이 많은가.

② 너무. 〈부사/정도〉

仲尼不爲已甚者. <孟子>

중니仲尼(공자)는 너무 심한(심甚) 것을 하지(위爲) 않으셨다.

人而不仁, 疾之已甚, 亂也. <論語>

사람으로 인仁하지 않은 것을, 미워함(질疾)이 너무 심하면, 난을 일으킨다.

君子, 以齊人之殺哀姜也爲已甚矣. <左傳>

군자는 제齊나라 사람이 애강哀姜을 죽인 것을(이以), 너무 심하다고 생각할(위爲) 것이다.

③ 그치다·말다. 〈동사〉

如知其非義, 斯速已矣, 何待來年. <孟子>

만일(여如) 그것이 의義가 아님을 알았다면, 속히 그만두어야지, 어찌 내년을 기다리겠는가.

學不可以已, 靑取之於藍, 而靑於藍. <荀子>

배움은 그만둘 수 없다. 청靑은 남藍에서(어於) 취取했지만, 남藍보다(어於) 푸르다. *靑出於藍(청출어람)제자가 스승보다 더 훌륭함.

此鳥不飛則已, 一飛沖天, 不鳴則已, 一鳴驚人. <史記>

이 새는 날지 아니하려면 말 것이나, 한 번 날면 하늘을 찌르고 (충沖), 울지(명鳴) 않으면 말 것이나 울면 사람을 놀라게(경驚) 할 것이다.

④ 그 후·뒤이어·조금 있다가.

☞ '이已'가 접미사 '이而'와 연용하여 주로 '이이已而'로 쓴다.

已而有娠, 遂産高祖. <漢書>

머지않아 임신妊娠하여, 마침내(수遂) 한고조漢高祖를 낳았다.

始鄭梁一國也, 已而別. <韓非子>

처음에 鄭나라와 양梁(위魏)나라는 한 나라였는데, 나중에 나누어 졌다.

已而相如出, 望見廉頗, 相如引車避匿. <史記>

그 후 상여相如는 나오다가, 염파廉頗를 바라보고, 상여는 수레를 끌고(인引) 피하여(피避) 숨었다(익匿).

⑤ 뿐·따름. 〈종결사/한정〉

天下皆知美之爲美, 斯惡已. <老子>

천하 사람들이 모두 아름다움이 아름답다고 아는데, 이(사斯)는 추악醜惡일 뿐이다.

苟無恒心, 放辟邪侈無不爲已. <孟子>

진실로(구苟) 항심恒心(떳떳한 마음)이 없으면, 방벽放辟(거리낌 없이 제멋대로 행동함)과 사치邪侈(사악하고 사치스러움)를 하지 않음이 없을 뿐이다.

若其殘生損性, 則盜跖亦伯夷已, 又惡取君子小人於其間哉. <莊子>

그 삶을 해치고(잔殘) 목숨을 손상損傷시킴은, 도척盜跖 또한 백 이伯夷일 따름인데, 또 어찌(오惡) 그 사이에서 군자와 소인을 취 取하는가.

54. 爾(이)

① 너. 〈인칭대명사/2인칭〉

爾爲爾, 我爲我. <孟子>

너는 너이고, 나는 나이다. *爲(위)~이다.<연계동사>

百鳥豈無母, 爾獨哀怨深. <白居易詩>

온갖(백百) 새가 어찌 어미가 없겠냐마는, 까마귀 너만이 슬픔과
원망怨望이 깊구나.

我有濟爾心, 而無濟爾力. <魚無迹詩>

나는 너를 구제救濟하려는 마음은 있지만, 너를 구제할 힘이 없도다.

② 뿐·따름. 〈종결사/한정〉

莊王圍宋, 軍有七日之糧爾. <公羊傳>

장왕莊王이 송宋나라를 포위包圍함에, 군에는 7일의 군량軍糧이
있을 뿐이었다.

遼河未嘗不鳴, 特未夜渡爾. <一夜九渡河記>

요하遼河가 일찍이 울지(명鳴) 않아서가 아니라, 다만(특特) 밤에
건너지(도渡) 않았을 뿐이다.

以能順木之天, 以致其性焉爾. <種樹郭橐駝傳>

나무의 천성에 순응順應하여, 그 본성本性을 다하게(치致) 할 뿐
입니다.

③ 그러하다. 〈형용사〉

問君何能爾, 心遠地自偏. <陶潛詩>

그대(군君)는 어찌 그럴 수 있느냐고 묻기에, 마음이 속세와 멀어지니 사는 곳은 저절로 한적하다네(편偏).

豈大者獨惡死, 而小則不爾耶. <虱犬說>

어찌 큰 것만이 죽기를 싫어하고(오惡), 작은 것은 그렇지 않겠는가(야耶).

凡觀書, 不可以相類泥其義, 不爾則字字相梗. <近思錄>

무릇(범凡) 책을 볼 때, 서로 유사하다 하여 그 뜻에 집착해서는(니泥) 안 되니, 그렇게 하지 않으면 글자마다 서로 막힌다(경梗).

④ 이·이것. 〈지시대명사〉

夫子何善爾也. <禮記>

선생님께서는 어찌 이것을 훌륭하다고 여기십니까.

爾夜風恬月朗. <世說新語>

이 밤은 바람도 잔잔하고(념恬) 달도 밝다.

爾日火從四門起. <晉書>

이날 화재가 사방의 성문에서부터(종從) 났다.

⑤ 접미사.

☞ '이爾'는 사물을 형용하는 접미사로 모양이나 상태를 나타내며, '연然'과 통한다.

子路率爾而對. <論語>

자로子路가 경솔輕率하게 대답하였다.

漁父莞爾而笑, 鼓枻而去. <漁父辭>

어부는 빙그레 웃고(완莞), 노(예枻)를 두드리며(고鼓) 갔다.

蹴爾而與之, 乞人不屑也. <孟子>

차듯이(축이蹴爾) 그것을 주면(여與), 걸인乞人도 달갑게 여기지
(설屑) 아니할 것이다.

55. 者(자)

① 사람.

☞ '자者'는 다른 말에 기대어 쓰는 의존명사로, 반드시 수식
   어가 앞에 위치한다.

自勝者強, 知足者富. <老子>

자기를 이기는 자는 강하고, 만족을 아는 사람은 넉넉하다.

新沐者必彈冠, 新浴者必振衣. <漁父辭>

새로 머리를 감은(목沐) 사람은 반드시 갓을 털고(탄彈), 새로 몸
을 씻은 사람은 반드시 옷을 턴다(진振).

欲致魚者先通水, 欲致鳥者先樹木. <淮南子>

물고기를 이르게 하려는 사람은 먼저(선先) 물을 통통하게 하고, 새를 이르게 하려는 자는 먼저 나무를 심는다(수樹).

② 것. 〈사물·사실〉

一出而不可反者, 言也. <新書>

한 번 나오면 돌이킬(반反) 수 없는 것이, 말이다.

所惡有甚於死者, 故患有所不辟也. <孟子>

싫어하는(오惡) 바가 죽음보다(어於) 심한 것이 있기 때문에, 환난患難을 피하지(피辟·피避) 않는 바가 있다.

高麗遂爲弱國者, 未得渤海之地故也. <渤海考序>

고려高麗가 마침내(수遂) 약한 나라가 된 것은, 발해渤海의 땅을 얻지 못했기 때문(고故)이다.

③ 곳. 〈장소〉

此非孟德之困於周郎者乎. <前赤壁賦>

여기는 맹덕孟德(조조曹操)이 주랑周郎(주유周瑜)에게 곤욕困辱을 당한 곳이 아닌가.

水淺者大魚不遊, 地薄者大物不産. <湛軒書>

물이 얕은(천淺) 곳은 큰 물고기가 놀지(유遊) 않고, 땅이 척박瘠薄한 곳은 큰 물건이 나지 않는다.

地廣者粟多, 國大者人衆, 兵强者士勇. <逐客書>

땅이 넓은(광廣) 곳은 곡식(속粟)이 많고, 나라가 큰 곳은 사람이 많고(중衆), 군사가 강한 곳은 병사가 용맹勇猛스럽다.

④ ~은·~라는 것은. 〈주격〉

☞ '자者'가 판단문의 주어 뒤에 위치하여, 일단 주의를 환기
   시키고, '야也'로 종결짓는다.

師者所以傳道授業解惑也. <師說>

스승이란 도를 전하고 학업을 주고(수授) 의문(혹惑)을 풀어 주는
것(소이所以)이다.

文者愛之徵也, 武者惡之表也. <呂氏春秋>

문文은 사랑의 조짐兆朕(징徵)이요, 무武는 증오憎惡의 표징表徵
이다.

國是者一國之人不謀, 而同是者也. <退溪集>

국시國是란 한 나라의 사람이 의논하지(모謀) 않아도, 함께 옳다
고(시是) 하는 것이다.

⑤ 접미사. 〈시간〉

☞ '자者'는 접미사로 시간이나 시기를 나타내는 말 뒤에 위치한다.

往者齊南破荊, 東破宋. <韓非子>

지난날 제齊나라가 남으로 초楚(형荊)나라를 격파擊破하고, 동으
로 송宋나라를 격파했다.

旬餘還鄉, 又遇向者少年. <梅泉野錄>

열흘(순旬) 뒤에 고향으로 돌아가다가, 또 접때(향자向者) 소년을
만났다(우遇).

昔**者**高氏居于北, 曰高句麗. <渤海考序>

옛날에 고씨高氏가 북쪽에 살면서, 고구려高句麗라고 하였다.

⑥ ~면. 〈접미사/가정〉

以德服人**者**, 中心悅而誠服也. <孟子>

덕으로 남을 복종服從시키면, 마음이 기뻐서(열悅) 진실로(성誠)
복종한다.

伍奢有二子, 不殺**者**, 爲楚國患. <史記>

오사伍奢에게는 두 아들이 있는데, 이들을 죽이지 않으면, 초나라
에 화근이 될 것이다.

更爲曲突, 遠徙其薪, 不**者**, 且有火患. <漢書>

다시(갱更) 굴뚝(돌突)을 굽게 만들고, 그 땔감(신薪)을 멀리 옮기
십시오(사徙), 그렇게 하지 않으면 장차(차且) 화재가 날 것입니다.

56. 自(자)

① 자기 · 자신. 〈인칭대명사/1인칭〉

☞ '자自'는 반드시 술어 앞에 위치하며, '기己'는 술어 앞뒤에
  위치한다.

自卑而尊人, 先彼而後己. <小學>

자신을 낮추고(비卑) 남을 높이며, 상대방(피彼)을 우선하고 자신을 뒤로하여야 한다.

毋自欺也, 如惡惡臭, 如好好色. <大學>

자신을 속이지(기欺) 말기를, 나쁜(악惡) 냄새 싫어(오惡)하듯, 호색好色을 좋아하듯 하여야 한다.

自暴者不可與有言也, 自棄者不可與有爲也. <孟子>

자신을 해롭게 하는(포暴) 자와는 더불어 말할 수 없고, 자신을 버리는(기棄) 자와는 더불어 일할 수 없다. *自暴自棄(자포자기)자기 몸을 스스로 해치고 버림.

② 스스로 〈부사〉

酒不醉人, 人自醉. <明心寶鑑>

술이 사람을 취醉하게 하는 것이 아니라, 사람이 스스로 취하는 것이다.

旣自以心爲形役, 奚惆悵而獨悲. <歸去來辭>

이미(기旣) 스스로 마음을 육신의 노예(형역形役)로 삼았으니, 어찌(해奚) 한탄하고 탄식하여(추창惆悵) 홀로 슬퍼하겠는가.

今釋弗擊, 此所謂養虎自遺患也. <史記>

지금 풀어 주고(석釋) 치지(격擊) 않으면, 이는 이른바 범을 길러 스스로 근심을 남기는(유遺) 것이다. *養虎遺患(양호유환)화근을 길러 근심을 삼.

③ 몸소·친히. 〈부사〉

何聞信亡, 不及以聞, 自追之. <史記>

소하蕭何가 한신韓信이 도망逃亡하였다는 말을 듣고(문聞), 왕에게 아뢰지(문聞)도 못하고, 몸소 그를 쫓아갔다(추追).

猥自枉屈, 三顧臣於草廬之中. <前出師表>

외람되게(외猥) 몸소 왕림枉臨(왕굴枉屈)하시어, 세 번이나 신을 초려草廬 안으로 찾으셨다(고顧). *三顧草廬(삼고초려)유능한 인재를 맞아들이기 위하여 참을성 있게 노력함.

自除犯禁者四百六十餘人, 皆坑之咸陽. <史記>

법적으로 못 하게 하는 것을 어긴(범금犯禁) 자 460여 명을 몸소 죽여(제除), 모두 이들을 함양咸陽에 묻었다(갱坑).

④ 저절로·자연히. 〈부사〉

讀書百遍, 意自見. <魏書>

글을 백 번(편遍) 읽으면, 뜻이 저절로 보인다(현見).

桃李不言, 下自成蹊. <漢書>

복숭아와 자두(도리桃李)는 말이 없더라도, 그 아래는 길(혜蹊)이 저절로 된다(성成). *成蹊(성혜)덕이 있는 사람은 드러내지 않아도 자연히 흠모하여 모여드는 것을 비유함.

蓬生麻中, 不扶自直, 白沙在涅, 與之俱黑. <史記>

쑥(봉蓬)이 삼밭(마麻)에서 자라면, 붙들어 매지 않아도 저절로 곧게 자라고, 흰 모래가 진흙(열涅) 속에 있으면, 진흙과 함께(구俱) 검어진다.

⑤ ~로부터. 〈전치사/기점·출발〉

☞ '자自'는 본래 '스스로'의 뜻인데, 전치사로 전성되어 기점·
출발을 나타낸다.

自天而降乎, 從地而出乎. <春香傳>

하늘로부터 내려왔(강降)는가, 땅으로부터(종從) 솟았는가.

君自故鄉來, 應知故鄉事. <王維詩>

그대(군君)는 고향에서 왔으니, 응당應當 고향 일을 알 것이다.

自李唐來, 世人甚愛牡丹. <愛蓮說>

이씨李氏의 당唐나라 이래로부터, 세상 사람들이 매우(심甚) 모란
牡丹을 좋아하였다.

⑥ 진실로·만약. 〈부사〉

☞ '자自'가 '비非'와 연용하여 '자비自非'로 쓰며, '만약 ~이
아니라면'으로 풀이한다.

自非聖人, 外寧, 必有內憂. <左傳>

만약 성인이 아니라면, 밖이 편안해도(녕寧), 반드시 안으로 근심
이 있을 것이다.

自非顯才高行, 安可强冠之哉. <西京雜記>

만일 드러난(현顯) 재능과 고상한 행실이 아니라면, 어찌(안安) 억
지로(강强) 벼슬할 수 있겠는가.

自非剛斷之君英烈之輔, 不能挺特奮發, 以革其弊也. <近思錄>

만일 강단剛斷이 있는 군주와 영렬英烈한 보필輔弼이 아니라면,
정특挺特(우뚝이 빼어남)하고 분발奮發하여, 그 병폐病弊를 개혁

改革할 수 없을 것이다.

57. 子(자)

① 아들.

伯夷叔齊, 孤竹君之二子也. <史記>

백이伯夷와 숙제叔齊는, 고죽군孤竹君의 두 아들이다.

吾子貧且陋, 非貴人之所可近. <三國史記>

내 아들은 가난하고 보잘것없으니(누陋), 귀인貴人이 가까이할 수 있는 바가 아닙니다.

及竇太后得幸, 前后死, 及三子更死, 故孝景得立. <史記>

두태후竇太后가 효문孝文황제의 총애를 입었을 때, 이전의 황후가 죽고, 그 세 아들도 잇달아(경更) 죽음에 이르렀기 때문에, 효경孝景이 제위에 오를(립立) 수 있었다.

② 자식.

親有疾飮藥, 子先嘗之. <小學>

어버이(친親)가 병(질疾)이 있어서 약藥을 드시거든(음飮), 자식이 먼저 그것을 맛보아야 한다.

老而無子曰獨, 幼而無父曰孤. <孟子>

늙어서 자식이 없는 이를 독獨(외로운 사람)이라 하고, 어려서 부모가 없는 이를 고孤(고아)라 한다.

凡爲人子之禮, 冬溫而夏凊, 昏定而晨省. <禮記>

무릇 사람의 자식이 된 예는, 겨울에는 따뜻하게 해 드리고 여름에는 서늘하게 해 드리며(청凊), 저녁(혼昏)에는 잠자리를 보아 드리고 새벽(신晨)에는 문안問安을 드린다.

③ 새끼.

不入虎穴, 焉得虎子. <後漢書>

호랑이 굴(혈穴)에 들어가지 아니하면, 어떻게(언焉) 호랑이 새끼를 잡겠는가.

司徒北平王家, 貓有生子同日者. <貓相乳>

사도司徒 북평왕北平王의 집에, 고양이(묘貓)가 같은 날 새끼를 낳은 일(자者)이 있었다.

犁牛之子, 騂且角, 雖欲勿用, 山川其舍諸. <論語>

얼룩소(이우犁牛)의 새끼가, 붉고(성騂) 또 뿔이 바르다면, 비록 희생犧牲으로 쓰지 않으려(물勿) 하지만, 쓴다면 산천山川의 신神이 어찌(기其) 그것을 버리겠(사숨·사捨)는가.

④ 그대·당신. 〈인칭대명사/2인칭〉

子非魚, 安知魚之樂. <莊子>

그대는 물고기가 아닌데, 어떻게(안安) 물고기가 즐거운 것을 아는가.

今子食我, 是逆天帝命也. <戰國策>

지금 그대가 나를 잡아먹으면, 이는 하느님의 명을 거스르는(역逆) 것이다.

今聞子之臭, 芬馥異常, 接子之手, 柔滑如綿. <三國史記>

지금 그대(자子)의 체취體臭를 맡으니(문聞), 향기(분복芬馥)가 보통(상常)과 다르고, 그대의 손을 잡으니(접接), 부드럽고 매끈하기(유활柔滑)가 솜(면綿)과 같습니다.

⑤ 선생.

☞ 대화체에서 2인칭 대명사 '자子'를 내용으로 미루어 '선생'으로 풀이하는 경우이다.

子路曰, 衛君待子而爲政, 子將奚先. <論語>

자로子路가 말하였다. "위衛나라 임금이 선생을 기다려 정치를 하게 한다면, 선생께서는 장차 무엇(해奚)을 먼저 하시겠습니까."

丑見王之敬子也, 未見所以敬王也. <孟子>

저(경축씨景丑氏)는 왕께서 선생을 공경恭敬하시는 것은 보았으나, 선생께서 왕을 공경恭敬하시는 것(소이所以)은 보지 못하였습니다.

子曰, 莫我知也夫, 子貢曰, 何爲其莫知子也. <論語>

공자께서 말했다. "나를 알아주는 사람이 없구나." 자공子貢이 말했다, "어찌 선생님을 알아주지 못합니까."

⑥ 접미사.

☞ '자子'는 접미사로 주로 사물의 이름 뒤에 위치한다.

略書一冊子, 粗敍立心飭躬奉親接物之方. <擊蒙要訣>

소략疏略하게 책자冊子 한 권을 써서, 뜻을 세우고(입심立心) 몸을 삼가며(칙궁飭躬) 어버이를 받들고(봉친奉親) 남을 대하는(접물接物) 방법을 대강(조粗) 서술敍述하였다.

胸中正, 則眸子瞭焉, 胸中不正, 則眸子眊焉. <孟子>

마음이 바르면, 눈동자(모자眸子)가 밝고(료瞭), 마음이 바르지 못하면 눈동자가 흐리다(모眊).

君后之善惡, 臣子之忠邪, 邦業之安危, 人民之理亂, 皆不得發露以垂勸戒. <進三國史表>

군후君后의 선악과, 신자臣子의 충사忠邪와, 국가의 안위安危와, 백성의 치란治亂을 모두 드러내어(발로發露) 권권勸하고 경계警戒할 수 없다.

58. 將(장)

① 장차 ~하려고 하다. 〈보조사/미래〉

☞ '장將'은 술어 앞에 위치하여 술어를 보조하는 보조사로, 미래未來를 나타낸다.

國將興, 必貴師而重傅. <荀子>

나라가 장차 흥興하려면, 반드시 스승(사부師傅)을 귀중貴重하게 여겨야 한다.

國**將**興聽於民, **將**亡聽於神. <耳談續纂>

나라가 장차 흥興하려 할 때는 백성에게 듣고, 장차 망亡하려 할
때는 귀신에게 듣는다.

天之**將**喪斯文也, 後死者不得與於斯文也. <論語>

하늘이 장차 사문斯文(유교의 학문)을 없애려(상喪) 하셨다면, 뒤
에 죽는 사람(공자)이 사문에 참여參與하지 못하였을 것이다.

② 장수.

廉頗者 趙之良**將**也. <史記>

염파廉頗는 조趙나라의 훌륭한(량良) 장수이다.

敗軍之**將**, 不可以言勇. <史記>

패한 군의 장수는, 용기勇氣를 말할 수 없다.

諸**將**易得耳, 至如信者國士無雙. <史記>

여러 장수는 얻기가 쉬울(이易) 따름이나(이耳), 한신韓信과 같은
자는 나라의 선비에서 둘도 없다. *國士無雙(국사무쌍)국사는 나
라의 훌륭한 선비, 곧 나라에서 둘도 없는 뛰어난 인물이란 뜻.

③ 거느리다.

其馬**將**駿馬, 而歸. <淮南子>

그 말이 오랑캐의 준마駿馬를 거느리고, 돌아왔다.

陛下不能**將**兵, 而善**將**將. <史記>

폐하陛下께서는 병사는 거느릴 수 없으나, 장군을 잘(선善) 거느

릴 수 있습니다.

將風伯雨師雲師, 而主穀主命主病主刑主善惡. <三國遺事>

풍백風伯·우사雨師·운사雲師를 거느리고, 농사(곡穀)·생명生命·
질병疾病·형벌刑罰·선악善惡을 주관主管하였다.

④ 가지다.

難將一人手, 掩得天下目. <李覯詩>

한 사람의 손을 가지고, 천하 사람들의 눈을 가리기(엄掩) 어렵다.

難將寸草心, 報得三春暉. <孟郊詩>

한 치 되는 풀의 마음을 가지고, 석 달 봄빛(춘휘春暉) 갚기(보報)
가 어렵다.

崔女將利刀, 潛入庫中, 割鼓面角口, 以報好童. <三國史記>

최녀崔女는 날카로운(리利) 칼을 가지고, 몰래(잠潛) 무기고武器庫
안에 들어가, 고면鼓面과 각구角口를 베고(할割), 호동好童에게 알
렸다(보報).

⑤ 거의.

自泰始以來, 將三十年. <晉書>

태시泰始(진무제晉武帝 연호) 이래로, 거의 30년이 되었다.

今藤絶長補短, 將五十里也. <孟子>

만약(금今) 등藤나라가 긴 곳을 잘라 짧은 곳을 보충하면, 거의
오십 리里이다.

蓋自唐宣宗而後, 政不及民, 而置諸湯火之中者, 將百年. <通鑑節要>

당나라 선종宣宗 이후로, 정사政事가 백성들에게 미치지 아니하여, 백성들을 끓는 물과 뜨거운 불(탕화湯火)속에 버려둔(치置) 것이, 거의 백 년이었다.

59. 在(재)

① ~에 있다. 〈동사〉

☞ '재在+대상'의 형태로 쓰며, 뒤에 전치사 '어於·호乎·우于'가 위치하기도 한다.

玉在山, 而草木潤. <荀子>

옥玉이 산에 있으면, 초목草木이 윤택潤澤해진다.

及其老也, 血氣旣衰, 戒之在得. <論語>

늙어서는 혈기血氣가 이미 쇠衰하였으므로, 경계警戒함이 탐함(득得)에 있다.

榮辱之責在乎己, 而不在乎人. <韓非子>

영욕榮辱의 책임責任은 자기에게 있고, 남에게 있지 않다.

今人不知學問在於日用, 而妄意高遠難行. <擊蒙要訣>

요즘 사람들은 학문이 일상생활 속에 있음을 알지 못하고, 고원高遠해서 실천하기가 어려운 것이라고 제멋대로(망妄) 생각한다.

② ~에 · ~에서. 〈전치사〉

☞ '재在+대상+동사'의 형태로 쓴다.

其在釜下燃, **豆在**釜中泣. <世說新語>

콩깍지(기其)는 솥(부釜) 밑에서 타고(연燃), 콩(두豆)은 솥 안에서 눈물 흘리네(읍泣).

鼠在藏中損物, 不可不去. <盜子說>

쥐(서鼠)가 창고(장藏) 안에서 물건을 상하게 하니(손損), 제거除去하지 않을 수 없다.

終日**在天**中行止, 奈何憂崩墜乎. <列子>

종일 하늘 가운데에서 가고 멈추는 것이니, 어찌(내하奈何) 무너져 내릴(붕추崩墜) 것을 걱정하십니까. *杞憂(기우)기杞나라 사람의 근심이란 뜻으로, 쓸데없는 걱정을 이름.

60. 適(적)

① 맞다 · 알맞다.

士之特立獨行, **適**於義而已. <伯夷頌>

선비는 특립독행特立獨行하여 의義에 맞게 할 뿐이다. *特立獨行(특립독행)남에게 의지하지 않고 소신대로 나아감.

憂勤是美德, 太苦, 則無以適性怡情. <菜根譚>

근심(우憂)과 부지런함(근勤)은 미덕美德이나. 지나치게(고太) 애쓰면, 본성에 맞게 마음을 기쁘게(이怡) 할 수 없다.

保身體者, 在乎適起居之宜, 存畏愼之心. <近思錄>

신체를 보전保全함은, 기거起居의 마땅함(의宜)을 알맞게 하고, 두려워하고(외畏) 조심하는(신愼) 마음을 보존保存함에(호乎) 있다.

② 가다.

隨友適江南. <旬五志>

친구를 따라(수隨), 강남江南에 가다.

孔子適鄭, 與弟子相失. <史記>

공자가 정鄭나라에 갔을 때, 제자들과 서로 어긋났다(실失).

神農虞夏, 忽焉沒兮, 我安適歸矣. <史記>

신농씨神農氏, 순舜임금, 우禹임금의 도가 홀언忽焉히 사라짐이여(혜兮), 나는 어디(안安)로 가 귀의歸依할 것인가.

③ 시집가다.

適人之道, 一與之醮, 終身不改. <小學>

남에게 시집가는 도리는, 한 번 그(지之)와 결혼하면(초醮), 종신토록 개가改嫁하지 않는 것이다.

在家從父, 適人從夫, 夫死從子. <小學>

집에 있을 때에는 아버지를 따르고(종從), 남에게 시집가서는 남편(부夫)을 따르며, 남편이 죽으면 아들을 따른다.

女**適**人者已産育, 則成他家之母. <通鑑>

시집간 여자가 이미(이已) 아이를 낳아 길렀으면(산육産育), 다른 집의 어미가 된다(성成).

④ 마침. 〈부사/시간〉

適有群鷄亂啄庭除. <太平閑話滑稽傳>

마침 여러 마리 닭이 뜰(정제庭除)에서 어지럽게(난亂) 먹이를 쪼고(탁啄) 있었다.

適大雨無所入, 及暮有鷄卵一包來. <松南雜識>

마침 큰비가 내려 들어오는 물품이 없더니, 저물녘에 계란鷄卵 한 꾸러미(포包)를 가지고 들어옴이 있었다.

夫身中大創十餘, **適**有萬金良藥, 故得無死. <史記>

관부灌夫 자신도 십여 곳의 큰 상처(창創)를 입었는데, 마침 만금萬金의 가치가 있는 좋은(양良) 약이 있었기 때문에, 죽지 않았다.

61. 絶(절)

① 끊다·자르다. 〈사물〉

群臣百餘人, 皆**絶**去其冠纓. <說苑>

여러(군群) 신하 백여 명은, 모두 그들의 갓끈(관영冠纓)을 잘랐다.

鍾子期死, 伯牙破琴**絕**絃. <列子>

종자기鍾子期가 죽자, 백아伯牙는 거문고(금琴)를 부수고 줄(현絃)을 끊었다. *伯牙絕絃(백아절현)자기를 알아주는 절친한 벗의 죽음을 슬퍼함.

子反之爲人也, 嗜酒而甘之, 不能**絕**於口. <淮南子>

자반子反의 사람됨은, 술을 즐기고(기嗜) 달게 여겨(감甘), 입에서 술을 끊을 수가 없었다.

② 끊다·그만두다. 〈교제〉

本不結交, 安有**絕**交. <耳談續纂>

본래(본本) 사귐을 맺지 않았다면, 어찌(안安) 사귐을 끊음이 있겠는가.

楚誠能**絕**齊, 秦願獻商之地六百里. <史記>

초楚가 진실로(성誠) 제齊와 절교할 수 있다면, 진秦은 상商의 땅 6백 리를 드리기(헌獻) 원한다.

古之君子, 交**絕**不出惡聲, 忠臣去國, 不絜其名. <史記>

옛날 군자는, 사귐을 끊어도 나쁜 말을 하지 않으며, 충신은 나라를 떠나도(거去), 그 명예를 깨끗하게 여기지(결絜) 않는다.

③ 끊어지다. 〈자동사〉

韋編三**絕**. <史記>

가죽으로 엮은 끈(위편韋編)이 세 번 끊어졌다. *韋編三絕(위편삼절)독서를 열심히 함.

千山鳥飛**絕**, 萬徑人蹤滅. <柳宗元詩>

온 산에 새가 낢이 끊어지고, 모든 길(경徑)에는 사람의 자취(종蹤) 없어졌네.

以勢交者, 勢傾則**絕**, 以利交者, 利窮則散. <顏氏家訓>

세력勢力으로 사귄 자는 세력이 기울면(경傾) 끊어지고, 이익利益으로 사귄 자는 이익이 다하면(궁窮) 흩어진다(산散).

④ 떨어지다. 〈자동사〉

經霖雨**絕**糧, 遣婢糴米. <顏氏家訓>

장마(임우霖雨)를 거치며 양식糧食이 다 떨어져, 계집종(비婢)을 시켜 쌀을 사 오게(적糴) 하였다. *遣(견)보내어 ~하게 하다.<사역>

孔子遭厄於陳蔡之間, **絕**糧七日, 弟子餒病. <孔子家語>

공자가 진陳나라와 채蔡나라 사이에서 곤액困厄을 당해(조遭), 양식이 떨어진 지 7일이 지나자, 제자들이 주리고(뇌餒) 병이 들었다.

春耕夏耘, 秋收冬藏, 四者不失時, 故五穀不**絕**. <荀子>

봄에 밭을 갈고 여름에 김을 매고(운耘), 가을에 거둬들이고(수收), 겨울에 저장貯藏함, 이 네 가지가 시기를 잃지 않았기 때문에, 오곡五穀이 떨어지지 않았다.

⑤ 뛰어나다.

曹操智計, 殊**絕**於人. <後出師表>

조조曹操의 지략智略(지계智計)이, 특히(수殊) 남보다 뛰어났다.

何松都之獨多**絶**也. <西浦漫筆>

어찌 송도松都에 유독 뛰어남이 많았을까(야也).

是二儒者, 吐詞爲經, 擧足爲法, **絶**類離倫, 優入聖域. <進學解>

이 두 유자儒者(맹자孟子와 순자荀子)는, 말(사詞)을 하면(토吐) 경經이 되고, 발을 들면(거擧) 법이 되어, 무리(류類)에서 뛰어나고 무리(륜倫)에서 벗어나, 성인의 경지(성역聖域)에 들어가기에 넉넉하였다(우優).

⑥ 전혀·매우.

及思賦出, 機**絶**歎伏. <晉書>

좌사左思가 삼도부三都賦를 내어놓음에, 육기陸機는 매우 탄복歎伏하였다.

幽武置大窖, **絶**不飮食. <十八史略>

소무蘇武를 큰 움(교窖)에 가두고(유幽), 전혀 마시고 먹지 못하게 하였다.

只問丞相寢食及事之煩簡, **絶**不提起軍旅之事. <三國志演義>

다만(지只) 승상丞相의 침식과(급及) 일의 많고 적은 것(번간煩簡)을 물을 뿐, 전혀 군려軍旅(군사)에 대한 일을 제기提起하지 않았습니다.

62. 諸(제 · 저)

① 모든 · 여러. (제)

諸將行道, 亡者數十人. <史記>

여러 장수가 길을 가다가, 도망逃亡한 자가 수십 명이었다.

一日不念善, 諸惡自皆起. <莊子>

하루라도 선을 생각하지 않으면, 모든 악이 저절로(자自) 다(개皆)
일어난다.

諸生業患不能精, 無患有司之不公. <進學解>

제생諸生은 학업이 정밀精密하지 못함을 걱정하고(환患), 유사有
司(관리)가 공정公正하지 못함을 근심하지 마라.

② 이를 ~에게(에서). (저)

☞ '저諸'가 문중文中에 위치하여, 대명사 '지之'와 전치사 '어
於'가 합성한 곧 '지어之於'의 의미로, 음은 '저'이며, 전치
사 겸 대명사이다.

好惡紛然, 盍求諸己. <愛惡箴幷序>

좋아하고 싫어함(호오好惡)이 분연紛然하니, 어찌 자신에게서 찾
지 아니하는가. *盍(합)어찌 아니 하느냐.

或得玉, 獻諸子罕, 子罕弗受. <左傳>

어떤 사람(혹或)이 옥을 얻어, 자한子罕에게 그것을 드렸으나(헌
獻), 자한은 받지(수受) 않았다.

道在爾, 而求諸遠, 事在易, 而求諸難. <孟子>

도가 가까운 곳(이爾)에 있는데도, 먼 곳에서 찾으며(구求), 일이 쉬운(이易) 데 있는데도, 어려운 데에서 이를 찾는다.

③ 그것이(그것을) ~입니까. (저)

☞ '저諸'가 문말文末에 위치하여, 대명사 '지之'와 의문종결사 '호乎'가 합성한 '지호之乎'의 의미로, 음은 '저'이며, 전치사 겸 종결사이다.

一言而可以興邦, 有諸. <論語>

한마디 말로 나라(방邦)를 흥興하게 할 수 있다는데, 그런 것이 있습니까.

湯放桀, 武王伐紂, 有諸. <孟子>

탕왕湯王이 걸왕桀王을 쫓아내고(방放), 무왕武王이 주왕紂王을 쳤다(벌伐) 하니, 그러한 일이 있습니까.

有美玉於斯, 韞匵而藏諸, 求善賈而沽諸. <論語>

여기(사斯)에 아름다운 옥이 있다면, 그것을 궤匵 속에 넣어(온韞) 감추어 두시겠(장藏)습니까, 좋은 값(가賈)을 구하여 그것을 파시 겠(고沽)습니까.

④ ~에・~에서. (저)

☞ '저諸'가 전치사 '어於'와 같은 뜻으로, 음은 '저'이다.

君子求諸己, 小人求諸人. <論語>

군자는 자신에게서 찾고(구求), 소인은 남에게서 찾는다.

施**諸**己而不願, 亦勿施於人. <中庸>

자기 몸에 베풀어(시施) 원願하지 않는 것을, 또한 남에게 베풀지
(시施) 말아야 한다.

射有似乎君子, 失**諸**正鵠, 反求**諸**其身. <論語>

활쏘기(사射)는 군자와(호乎) 비슷함(사似)이 있다. 과녁의 중심(정
곡正鵠)에서 벗어나면, 돌이켜서(반反) 자신에게서 잘못을 찾는다.

63. 卒(졸)

① 군사.

卒有病疽者, 起爲吮之. <史記>

병사 중에 종기(저疽)에 걸린 자가 있어, 오기吳起가 그를 위해
종기를 빨았다(윤吮). *吮疽之仁(연저지인)부하를 극진히 사랑함,
혹은 목적 달성을 위한 가식적 사랑.

天寒, 士**卒**墮指者, 什二三. <史記>

날씨가 추워, 사졸 중에 손가락(지指)이 떨어진(추墮) 자가, 열(십
什)에 두셋이었다. *什二三(십이삼)열에 두셋. 분모와 분자를 연용
한 분수.

秦降**卒**多怨言, 羽乃夜擊, 坑秦**卒**二十餘萬人新安城南. <通鑑>

진秦나라의 항복降伏한 군사들이 원망하는 말이 많았다. 항우項羽

는 이에 밤에 공격攻擊하여, 진나라 군사 20여만 명을 신안성新安城 남쪽에 묻었다(갱坑).

② 갑자기. 〈부사/시간〉

荊軻挾匕首, 卒刺陛下. <文選>
형가荊軻는 비수匕首를 품고 있다가(협挾), 갑자기 폐하陛下를 찔렀다(자刺).

帝見卓兵卒至, 恐怖涕泣. <後漢書>
황제는 동탁董卓의 군대가 갑자기 오는 것을 보고, 몹시 두려워하며(공포恐怖) 눈물을 흘렸다(체읍涕泣).

敵人卒而至, 嚴令吏民無敢囂. <墨子>
적이 갑자기 나타나면, 관리와 백성들에게 감히 소란을 피우지(효囂) 말 것을 엄嚴하게 명하였다.

③ 마치다.

人始於生, 而卒於死. <韓非子>
사람은 출생에서 시작하여, 죽음에서 마친다.

人皆有粟舂之, 我獨無焉, 何以卒歲. <三國史記>
남들은 모두 곡식(속粟)이 있어 찧는데(용舂), 우리만 곡식이 없으니, 무엇으로 한 해를 마치겠는가.

保皐飮之極歡, 飮未卒, 聞王弑國亂無主. <三國史記>
장보고張保皐는 술을 마시면서 마음껏 즐기는데(환歡), 술자리가 끝나기 전에, 왕이 시해弑害되고 나라가 어지러워져서 주인이 없다는 소문이 들렸다.

④ 마침내.

盈虛者如彼, 而卒莫消長也. <前赤壁賦>

달은 찼다(영盈) 기울었다 하는 것이 저것(피彼)처럼 하나, 끝내 사라지거나(소消) 커지는 것이 아니다.

言其利, 不言其害, 卒有秦禍. <史記>

그 이로움을 말하고, 그 해로움을 말하지 않는다면, 결국은 진秦 나라에 화禍가 있을 것이다.

孟軻好辯, 孔道以明, 轍環天下, 卒老于行. <進學解>

맹가孟軻(맹자)는 변론辯論을 좋아하여, 공자의 도가 이 때문에 밝아졌으나, 수레바퀴 자국(철轍)이 온 천하를 돌다가(환環), 마침 내 길(행行)에서 늙으셨다.

⑤ 죽다.

文卒, 諡爲孟嘗君. <史記>

전문田文이 죽자, 시호諡號를 맹상군孟嘗君이라고 했다.

幼子餓已卒, 吾寧捨一哀. <杜甫詩>

어린 자식 굶어(아餓) 이미 죽었으니, 내 어찌(녕寧) 슬프지 않겠 는가.

父欲立叔齊, 及父卒, 叔齊讓伯夷. <史記>

아버지는 숙제叔齊를 세우려 하였으나, 아버지가 돌아가시자, 숙 제는 백이伯夷에게 양보讓步하였다.

64. 縱(종)

① 세로.

淬以烏賊之沫, **縱**橫擊刺. <虎叱>

붓을 오징어(오적烏賊) 거품(말沫)에 담갔다(쉬淬) 꺼내어, 종횡縱橫으로 치고(격擊) 찌른다(자刺).

康州地陷成池, **縱**廣五十餘尺. <三國史記>

강주康州에서 땅이 내려앉아(함陷) 연못(지池)이 되었는데, 가로(광廣)와 세로가 오십 여척餘尺이었다.

此輩授之握算, 不知**縱**橫, 何益於用. <通鑑>

이들(차배此輩)은 그들에게 악산握算(주판)을 주면(수授), 종횡縱橫을(다룰 줄) 모르니, 등용한들 무엇이 이롭겠는가.

② 놓다 · 놓아주다.

天亦**縱**棄紂, 而弗葆. <墨子>

하늘 또한 주紂를 놓아 버리고(기棄), 보호하지(보葆) 않았다(불弗).

一日**縱**敵, 數世之患也. <左傳>

하루 적敵을 놓아준 것이, 몇(수數) 대(세世)의 우환憂患이 될 것이다.

縱一葦之所如, 凌萬頃之茫然. <前赤壁賦>

쪽배(일위一葦)가 가는(여如) 대로 맡겨, 만경萬頃의 아득한 물결을 지난다(능凌).

③ 방종하다 · 방임하다.

縱情性, 而不足問學, 則爲小人矣. <荀子>

타고난 성정性情대로 방임放任하고 학문이 부족하면, 소인이 될
것이다.

縱欲之病可醫, 而執理之病難醫. <菜根譚>

욕심을 함부로 하는 병은 고칠(의醫) 수 있으나, 이론을 고집固執
하는 병은 고치기 어렵다.

水一傾, 則不可復, 性一縱, 則不可反. <明心寶鑑>

물은 한 번 기울어지면(경傾), 회복回復할 수 없고, 성품이 한 번
방종放縱해지면, 돌이킬(반反) 수 없다.

④ 비록. 〈부사/가정〉

縱我不往, 子寧不來. <詩經>

비록 나는 가지 못하지만, 그대(자子)는 어찌(녕寧) 오지 않는가.

縱江東父兄憐, 而王我, 我何面目, 復見之乎. <十八史略>

비록 강동 부형들이 가련하게 여겨(련憐), 나(항우項羽)를 왕으로
삼는다 하지만, 내가 무슨 면목面目으로 다시(부復) 그들을 보겠
는가.

今使柳下惠於齊, 縱不解於齊兵, 終不愈益攻於魯矣. <說苑>

만일(금今) 유하혜柳下惠를 제齊나라에 사신으로 보낸다면, 비록
제나라 군대를 풀지(해解) 못할지라도, 끝내 노魯나라를 더욱더
(유익愈益) 공격攻擊하지 않을 것입니다.

65. 終(종)

① 마치다 · 끝나다. 〈동사〉

飄風不**終**朝, 驟雨不**終**日. <道德經>

회오리바람(표풍飄風)은 아침나절을 넘기지 못하고, 소나기(취우驟雨)는 한나절을 넘기지 못한다.

此木以不材, 得**終**其天年. <莊子>

이 나무는 재목材木이 되지 못하여, 그 천수天壽(천년天年 · 자연의 수명)를 마칠 수 있다.

彪見漢祚將**終**, 遂稱脚攣, 不復行. <後漢書>

양표楊彪는 한조漢祚(한 황실의 제위帝位)가 장차 끝나가는 것을 보고, 마침내(수遂) 다리가 아프다고(각련脚攣) 칭하고, 다시(부復) 나가지 않았다.

② 끝 · 마침. 〈명사〉

物有本末, 事有**終**始. <大學>

사물은 근본과 말단이 있고, 일은 끝과 시작이 있다.

靡不有初, 鮮克有**終**. <詩經>

처음은 있지 않은 이가 없으나(미靡), 능히(극克) 마침이 있는 이가 드물다(선鮮).

貧者士之常也, 死者人之**終**也. <列子>

가난은 선비의 일상日常이요, 죽음은 사람의 끝맺음이다.

③ 죽다·생을 마치다.

子貢終於齊. <史記>

자공子貢은 제齊나라에서 생을 마쳤다.

母以天命終, 都有血淚. <明心寶鑑>

어머니가 천명天命으로 돌아가시자, 도씨都氏는 피눈물(혈루血淚)을 흘렸다.

欣然規往, 未果, 尋病終. <桃花源記>

기뻐하며(흔연欣然) 찾아갈 것을 꾀하였으나(규規), 결과를 이루지 못하고, 얼마 되지 않아(심尋) 병으로 죽었다.

④ 마침내·결국·끝까지.

趙亦終不予秦璧. <史記>

조趙나라 또한 끝내 진秦나라에 구슬(벽璧)을 주지(여予) 않았다.

鄕使聽客之言, 不費牛酒, 終亡火患. <漢書>

만약(향사鄕使) 객의 말을 들었더라면, 소와 술을 허비虛費하지 않고, 결국 화환火患도 없었을 것이다(무亡).

呂公曰, 此非兒女子所知也, 終與劉季. <史記>

여공呂公은 "이는 아녀자兒女子가 알 바가 아니다."라 하고, 결국 딸을 유계劉季(유방劉邦)에게 주었다(여與).

66. 則(즉 · 칙)

① ~이라면. 〈접속사/가정〉

☞ 접속사 '즉則'은 부사 '여如 · 약若 · 구苟' 등과 호응하며,
'~이라면'으로 풀이한다.

王如用予, 則豈徒齊民安, 天下之民擧安. 〈孟子〉

만일(여如) 왕께서 저(여予)를 등용登用하신다면, 어찌 다만(도徒)
제齊나라 백성만이 편안할 뿐이겠는가, 천하의 백성이 모두(거擧)
편안할 것이다.

若口讀而心不體, 身不行, 則書自書, 我自我, 何益之有, 〈擊蒙要訣〉

만일(약若) 입으로만 읽고 마음으로 체득體得하지 못하고 몸으로
행하지 않는다면, 책은 책이고 나는 나이니, 무슨 이로움이 있겠
는가.

苟利社稷, 則不顧其身. 〈忠經〉

진실로(구苟) 사직社稷을 이롭게 한다면, 그 몸을 돌아보지(고顧)
않는다.

② ~하면. 〈접속사/인과〉

☞ '즉則'의 윗부분은 원인을, 아랫부분은 결과를 나타낸다.

木從繩則正, 后從諫則聖. 〈書經〉

나무는 먹줄(승繩)을 좇으면(종從) 바르게 되고, 임금(후后)은 간
諫함을 따르면 성군이 된다.

學而不思則罔, 思而不學則殆. <論語>

배우되 생각하지 않으면 어둡고(망罔), 생각하되 배우지 아니하면
위태危殆롭다.

女暮出而不還, 則吾倚閭而望. <戰國策>

네(여女)가 저녁에 나가 돌아오지(환還) 않으면, 나는 마을 문(려
閭)에 기대어(의倚) 바라보았다. *倚閭之望(의려지망)자녀가 돌아
오기를 애타게 기다리는 어머니의 마음.

③ ~에서는.

弟子入則孝, 出則弟. <論語>

제자는 들어와서는 효도하고, 나와서는 공손(제弟·제悌)해야 한다.

至於三國鼎峙, 則傳世尤多. <三國史記>

삼국三國이 정립鼎立(정치鼎峙·솥발처럼 셋이 벌려 섬)함에 이르
러서는, 세상에 전傳해진 기록이 더욱(우尤) 많았다.

人之過誤宜恕, 而在己則不可恕. <菜根譚>

남의 과오過誤는 마땅히(의宜) 용서容恕하되, 나에게 있어서는 용
서해서는 안 된다.

④ ~은·~가.

☞ '즉則'이 대비하는 종속절과 주절이 없이, 주어 다음에 위
   치하는 경우이다.

公則一, 私則萬殊. <近思錄>

공公은 한결같고, 사私는 여러 가지로 다르다(수殊).

水**則**載舟, 水**則**覆舟. <荀子>

물은 배를 띄우지만(재載), 물은 배를 뒤엎기도(복覆) 한다.

鳥**則**擇木, 木豈能擇鳥. <左傳>

새가 나무를 택擇하지, 나무가 어찌 새를 택할 수 있겠는가.

⑤ 법·법칙·본받다. (칙)

願依彭咸之遺**則**. <離騷經>

팽함彭咸(은殷나라 현인)이 남긴(유遺) 법도를 따르리라(의依).

惟天爲大, 惟堯**則**之. <孟子>

오직(유惟) 하늘이 위대하거늘, 오직 요임금이 이것을 본받았다.

先生施敎, 弟子是**則**. <小學>

선생께서 가르침을 베푸시면(시施), 제자는 이를 본받는다.

67. 之(지)

① 가다. 〈동사〉

海上之人, 每旦**之**海上. <列子>

바닷가(상上)에 사는 사람이, 매일 아침(단旦) 바닷가에 갔다.

齊王, 使淳于髡之趙請救兵. <史記>

제위왕齊威王은 순우곤淳于髡으로 하여금 조趙나라에 가서 구원병救援兵을 청청請하게 하였다.

曾子之妻之市, 其子隨之而泣. <韓非子>

증자曾子의 아내가 시장에 가는데, 그 아들이 그를 따르며(수隨) 울었다(읍泣).

② 지시대명사. 〈사람〉

敬人者, 人恒敬之. <孟子>

남(인人)을 공경恭敬하는 자는, 남이 항상恒常 그를 공경한다.

生乎吾後, 其聞道也, 亦先乎吾, 吾從而師之. <師說>

나의 뒤에(호乎) 났으나, 도道를 들음이 또한 나보다(호乎) 먼저이면, 나는 좇아서(종從) 그를 스승으로 삼겠다(사師).

民欲與之偕亡, 雖有臺池鳥獸, 豈能獨樂哉. <孟子>

백성들이 그와 함께(해偕) 망하고자 한다면, 비록 대지臺池와 조수鳥獸가 있다 하지만, 어찌 홀로 즐거워할 수 있겠는가.

③ 지시대명사. 〈사물·대상·장소〉

學如不及, 猶恐失之. <論語>

배움은 미치지(급及) 못하는 것처럼 하고(여如), 오히려(유猶) 그것을 잃을까 염려하여야 한다(공恐).

授天符印三箇, 遣往理之. <三國遺事>

천부인天符印 세 개箇를 주어(수授), 가서(왕往) 그곳을 다스리게 하였다(견遣).

身體髮膚受之父母, 不敢毀傷, 孝之始也. <孝經>

신체발부身體髮膚는 그것을 부모에게서 받았으니(수受), 감히 헐고(훼毀) 상傷하지 않음이, 효의 시작이다.

④ ~의. 〈후치사/관형격〉

☞ '수식어<명사·명사구>＋지之＋피수식어' 형태로, '지之'가 수식어와 피수식어 사이에 위치하여, 명사구를 만든다.

天之道, 不爭而善勝. <老子>

하늘의 도는, 다투지(쟁爭) 않아도 잘(선善) 이긴다.

民之不正, 是誰之過與. <論語>

백성이 바르지 않으면, 이것은 누구(수誰)의 잘못(과過)인가(여與).

吾文王之子, 武王之弟, 成王之叔父也. <韓詩外傳>

나(주공周公)는 문왕文王의 아들이자, 무왕武王의 동생이며, 성왕成王의 숙부叔父이다.

談山林之樂者, 未必眞得山林之趣. <菜根譚>

산림의 즐거움을 이야기하는 사람이, 반드시 참으로(진眞) 산림의 맛(취趣)을 얻은 것은 아니다. *未必(미필)반드시 ~한 것은 아니다.<부분부정>

⑤ ~한·~하는. 〈후치사/관형격〉

☞ '수식어<동사·동사구>＋지之＋피수식어' 형태로, '之'가 수식어와 피수식어 사이에 위치하여 명사구를 만든다.

功之塔, 豈毀乎. <東言考略>

공들인 탑塔이, 어찌 무너지겠(훼毀)는가.

我非生而知之者, 好古敏以求之者也. <論語>

나는 나면서부터 아는 자가 아니라, 옛것을 좋아하여 민첩敏捷하게 그것을 구한 자이다.

以責人之心責己, 以恕己之心恕人. <小學>

남을 꾸짖는(책責) 마음으로 자기를 꾸짖고, 자기를 용서容恕하는 마음으로 남을 용서하여야 한다.

積善之家, 必有餘慶, 積不善之家, 必有餘殃. <易經>

선을 쌓은(적積) 집안은, 반드시 여경餘慶(조상의 적덕積德으로 자손이 받는 경사)이 있고, 불선을 쌓은 집안은, 반드시 여앙餘殃(조상의 적악積惡으로 자손이 받는 재앙)이 있다.

⑥ ~이(가). 〈후치사/주격〉

☞ '지之'는 후치사로 주어와 술어 사이에 위치한다.

歲寒然後, 知松柏之後彫也. <論語>

날씨가 추운 연후에, 소나무와 잣나무(송백松柏)가 뒤에 시듦(조彫·조凋)을 안다. *歲寒松柏(세한송백)어려움이 닥쳐도 굽히지 않는 군자의 지조.

不患人之不己知, 患不知人也. <論語>

남이 자기를 알아주지 않음을 걱정하지(환患) 말고(불不), 남을 알아주지 못할까 근심하라. *부정문에서 인칭대명사가 목적어로 쓰인 경우 대부분 도치된다.

喜怒哀樂之未發, 謂之中, 發而皆中節, 謂之和. <中庸>

희로애락喜怒哀樂이 아직 드러나지 않는 것을 중中이라 하고, 발發해서 절節에 맞는 것을 화和라 한다.

⑦ ~을·~를. 〈후치사/목적〉

☞ '지之'를 사용하여 목적어를 도치한 경우로, 목적어 뒤에
   위치한다.

道聽之塗說, 德之棄也. <論語>

길에서 들은 것을 길(도塗)에서 말하면, 덕을 버리는(기棄) 것이
다. *道聽塗說(도청도설)무슨 말을 들으면 깊이 생각지 않고 다시
옮기는 경박한 태도.

博愛之謂仁, 行而宜之之謂義. <原道>

널리(박博) 사랑하는 것을 인仁이라 하고, 행하여 그것을 마땅하
게(의宜) 하는 것을 의義라 한다.

夫有其物, 而不費之謂儉, 非無諸己而自絶之謂也. <北學議>

무릇(부夫) 그 물건이 있는데도, 쓰지(비費) 않는 것을 검소儉素하
다고 말하는 것이지, 자신에게 물건이 없어 스스로 단념하는 것
(절絶)을 말하는 것은 아니다.

68. 且(차)

① 또·~하고·~과. 〈접속사/병렬〉

☞ '차且'는 접속사로, 동질同質의 형용사와 형용사를 연결하
   여 병렬관계를 나타낸다.

既仁且知, 夫惡有不足矣哉. <荀子>

이미 어질고 지혜롭다면, 대저 어찌(오惡) 부족함이 있겠는가.

階伯俾脫冑, 愛其少且勇, 不忍加害. <三國史記>

계백階伯이 투구(주冑)를 벗게(탈脫) 하니(비俾), 어리고 용감함을 아깝게 여겨(애愛), 차마 죽이지 못하였다.

況人生涉世, 其險且危有甚於河, 而視與聽輒爲之病乎. <一夜九渡河記>

하물며 사람이 나서 세상을 살아가는데(섭涉), 그 험險하고 위태 危殆로움이 강보다(어於) 심함이 있고, 보는 것과(여與) 듣는 것이 문득(첩輒) 병이 되는 것임에랴.

② 장차 ~하려고 하다. 〈보조사/미래〉

☞ '차且'는 술어 앞에 위치하여 술어를 보조하는 보조사로, 미래를 나타낸다.

一人蛇先成, 引酒且飮之. <戰國策>

한 사람이 뱀(사蛇)을 먼저 그리고서, 술을 끌어(인引) 마시려고 하였다.

今吾尙病, 病愈, 我且往見. <孟子>

지금은 내가 아직(상尙) 병중이니, 병이 나으면(유愈), 내 장차 가서 볼 것이다.

擊沛公於坐殺之, 不者, 若屬皆且爲所虜. <史記>

그 자리(좌坐)에서 패공沛公을 공격해서(격擊) 죽여라. 그렇게 하지 않으면, 너희들(약속若屬) 모두 장차 포로捕虜가 될 것이다.

③ 또한. 〈부사/강조〉

死馬且買之, 況生者乎. <十八史略>

죽은 말도 또한 사는데(매買), 하물며(황況) 산 것임에랴.

夢中許人, 覺且不背其信. <新書>

꿈속에서 사람에게 허락許諾한 일은, 깨어서도(교覺) 또한 그 믿음을 어기지(배背) 않는다.

今身且不能利, 將惡能治天下哉. <史記>

지금 자신 또한 이롭게 할 수 없는데, 장차 어떻게(오惡) 천하를 다스릴 수 있겠는가.

④ 우선 · 잠시 · 먼저. 〈부사〉

我醉欲眠, 君且去. <李白詩>

나는 취醉해 자려 하니, 그대(군君)는 먼저 가시게.

且自大君之門, 而乃大吾門. <史記>

우선 스스로 그대(군君)의 가문을 크게 하고, 이에 우리 가문을 크게 해 주시오.

遇沈沈不語之士, 且莫輸心. <菜根譚>

음침하여 말하지 않는 사람을 만나거든(우遇), 먼저 속마음을 털어놓지(수輸) 말아야 한다.

⑤ 관용적 표현.

☞ 且~且~ : 한편으로 ~하고 한편으로 ~하다.

險道傾仄, 且馳且射. <漢書>

험險한 길은 기울고(경측傾仄), 한편으로 말을 달리고(치馳) 한편으로 화살을 쏘았다(사射).

述等且戰且行, 至薩水. <三國史記>

우문술宇文述 등은 한편으로 싸우고 한편으로 쫓겨 가면서, 살수薩水에 이르렀다.

高祖見信死, 且喜且憐之. <史記>

고조高祖는 한신韓信이 죽은 것을 보고, 한편으로 기뻐하고 한편으로 불쌍히 여겼다(련憐).

69. 親(친)

① 친하다.

久住令人賤, 頻來親也疎. <增廣賢文>

오래 머물면(주住) 사람으로 하여금 천賤하게 하고, 자주(빈頻) 오면 친함 또한(야也) 멀어진다(소疎). *令(령)~로 하여금 ~하게 하다.<사역>

欲勝己者親, 無如改過之不吝. <近思錄>

자기보다 나은(승勝) 자와 친하고자 한다면, 허물(과過)을 고치기를 인색吝嗇하지 않은 것만 한 것이 없다.

我愛人，而人不**親**我，則反求諸己. <孟子>

내가 남을 사랑해도, 남이 나를 친히 하지 않는다면, 돌이켜(반反) 자신에게 찾아야(구求) 한다.

② 가까이하다.

燈火稍可**親**，簡編可卷舒. <韓愈詩>

등불을 점점(초稍) 가까이할 만하고, 책(간편簡編)을 거뒀다(권卷) 펼(서舒) 만하네. *燈火可親(등화가친)서늘한 가을밤은 등불을 가까이하여 글 읽기에 좋다는 말.

親賢臣遠小人，此先漢所以興隆也. <前出師表>

어진 신하를 가까이하고 소인을 멀리함, 이것이 선한先漢이 융성隆盛한 까닭(소이所以)입니다.

凡爲君者，鮮不**親**近邪佞，疎遠正直. <三國史記>

무릇(범凡) 임금 된 자는 사녕邪佞(간사하고 아첨함)한 자를 가까이하고, 정직正直한 자를 멀리하지(소원疎遠) 않음이 드물다.

③ 어버이.

孝子之至，莫大乎尊**親**. <孟子>

효자의 지극至極함은, 어버이를 높이는 것보다(호乎) 큰 것이 없다(막莫). *莫ⓐ乎ⓑ : ⓑ보다 ⓐ한 것은 없다.<최상급 비교>

身也者，**親**之枝也，敢不敬與. <禮記>

몸은(야자也者) 어버이의 가지(지枝)이니, 감敢히 공경恭敬하지 않겠는가(여與).

樹欲靜而風不止, 子欲養而親不待. <韓詩外傳>

나무는 고요하고자 하나 바람이 그치지 않고, 자식이 봉양奉養하고자 하나 어버이는 기다리지(대待) 않는다. *風樹之歎(풍수지탄) 어버이가 돌아가시어 효도하고 싶어도 할 수 없는 탄식.

④ 친척.

君子不施其親, 不使大臣怨乎不以. <論語>

군자는 그 친척을 버리지(이施) 않으며, 대신들이 써주지(이以) 않음을 원망怨望하게 해서는 안 된다.

悅親戚之情話, 樂琴書以消憂. <歸去來辭>

친척親戚과의 정다운 이야기를 즐거워하고(열悅), 거문고와 책을 즐겨 근심을 없앤다(소消).

萬德取十之一, 以活親族, 其餘盡輸之官. <樊巖集>

만덕萬德은 십 분의 일을 취取하여 친족親族을 살리고, 그 나머지는 모두(진盡) 관官에 보냈다(수輸). *十之一(십지일)십 분의 일. '분모＋지之＋분자'의 형태로 분수를 표현함.

⑤ 몸소ㆍ친히.

嫂叔不親授, 長幼不比肩. <君子行>

형수(수嫂)와 시동생(숙叔) 사이에는 직접(친親) 주지 않고, 어른과 아이는 어깨(견肩)를 나란히 하지(비比) 않는다.

丞相夙興夜寐, 罰二十以上, 皆親覽焉. <三國志演義>

승상丞相은 일찍(숙夙) 일어나고(흥興) 밤늦게 주무시며(매寐), 벌

罰 20대 이상은, 모두 친히 보십니다(람覽).

傳聞不如躬聞, 躬聞不如親見, 親見不如親自當之. <氣測體義>

전傳해 듣는 것이 직접(궁躬) 듣는 것만 못하고(불여不如), 직접 듣는 것이 직접 보는 것만 못하며, 직접 보는 것이 직접 대하는 (당當) 것만 못하다.

70. 殆(태)

① 위태롭다 · 위험하다.

知足不辱, 知止不殆. <道德經>

만족(족足)을 알면 욕辱되지 않고, 그칠 줄(지止)을 알면 위태危殆롭지 않다.

不逢時之君子, 豈不殆哉. <說苑>

시운時運을 만나지(봉逢) 못한 군자가, 어찌 위태롭지 않겠는가.

微樊噲犇入營譙讓項羽, 沛公事幾殆. <史記>

번쾌樊噲가 군영에 달려(분犇) 들어가 항우項羽를 꾸짖지(초양譙讓) 않았다면, 패공沛公의 일은 거의(기幾) 위험했을 것이다. *微(미)~이 아니라면.<가정>

② 거의 · 대개.

顔氏之子, 其**殆**庶幾乎. <易經>

안씨顔氏의 아들(안회顔回)은, 거의 도에 가까울(서기庶幾) 것이다.

行遇大雪, 兵士寒凍**殆**死. <通鑑>

행군하다가 폭설을 만나(우遇), 병사兵士들이 추위에 얼어(동凍) 거의 죽을 지경이었다.

民饑饉疾癘, 死者**殆**半, 菑未有鉅於此也. <越州趙公救菑記>

백성들이 기근饑饉과 돌림병(질려疾癘)으로, 죽는 자가 거의 반이니, 재앙(재菑)이 이보다 큼(거鉅)이 없었다.

③ 아마도.

好童不以禮待妾, **殆**欲亂乎. <三國史記>

호동이 첩(첩妾)을 예禮로써 대하지 않으니, 아마도 음행淫行을 하려는 것일진저.

吾嘗見一子於路, **殆**君之子也. <史記>

내가 일찍이 길에서 한 아이를 봤는데, 아마 당신(군君)의 아들일 것입니다.

公之聰明, 必不追咎往事, **殆**有他慮. <三國志>

공公은 총명聰明하여, 필시 지나간 일(왕사往事)을 후회하지(추구 追咎) 않을 것이니, 아마도 다른 생각(려慮)이 있을 것이다.

71. 何(하)

① 어찌·어떻게. 〈의문부사〉

身旣不孝, 子**何**孝焉. <明心寶鑑>
자신이 이미(기旣) 효도하지 않았다면, 자식이 어찌 효도하겠는가.

汝漢家婢妾, **何**無禮之甚乎. <三國史記>
너는(여汝) 한漢나라의 비첩婢妾으로, 어찌 무례無禮함이 심甚한가.

何知花蛙二事之然乎. <三國遺事>
어떻게 모란牡丹꽃과 개구리(와蛙)의 두 가지 일이 그러할지 아셨습니까.

② 어디·무엇. 〈의문대명사/사물〉

☞ 의문대명사가 목적어나 보어로 쓰인 경우 대부분 술어 앞으로 도치된다.

閣中帝子, 今**何**在. <王勃詩>
누각樓閣에 있던 왕자(제자帝子)는, 지금 어디에 있는가.

寡人將去斯, 而之**何**. <列子>
과인寡人이 장차 이곳(사斯)을 떠나, 어디로 갈(지之) 것인가.

內省不疚, 夫**何**憂, **何**懼. <論語>
안으로 살피며(성省) 조그마한 꺼림(구疚)도 없으니, 대저 무엇을 근심하며, 무엇을 두려워하겠는가(구懼).

③ 누구. 〈의문대명사/사람〉

何事非君, 何使非民. <孟子>

누구를 섬긴들(사事) 군주가 아니며, 누구를 부린들(사使) 백성이 아니겠는가.

無父何怙, 無母何恃. <詩經>

아버지가 없으면 누구를 믿으며(호怙), 어머니가 없으면 누구를 믿을까(시恃).

將擇之二君者, 將何從也. <墨子>

장차 그 두 임금 가운데 택擇한다면, 장차 누구를 따를(종從) 것인가.

④ 어떤·무슨. 〈의문형용사〉

班超何心, 獨擅之乎. <後漢書>

내가(반초班超) 무슨 마음으로, 홀로 공을 차지하겠(천擅)습니까.

狗猛, 則酒何故, 而不售. <韓非子>

개가 사나우면(맹猛), 술이 무슨 까닭에(고故), 팔리지(수售) 않습니까. *狗猛酒酸(구맹주산)개가 사나우면 술이 시어진다는 뜻으로, 나라에 간신배가 있으면 어진 신하가 모이지 않음을 비유함.

何時重踏臨瀛路, 彩服斑衣膝下縫. <申師任堂詩>

어느 때 강릉(임영臨瀛)길 다시(중重) 밟아(답踏), 색동옷 입고(채복반의彩服斑衣) 무릎(슬膝) 아래에서 바느질할까(봉縫).

⑤ 어떠한가.

☞ '하何'가 '여如·약若·내奈' 등과 연용하여 '하여何如·여
하如何·하약何若·내하奈何'의 형태로, 성질·상태·수단·
방법·처지 등을 묻는다.

以子之矛, 陷子之盾, 何如. <韓非子>
그대(자子)의 창(모矛)으로 그대의 방패(순盾)를 뚫는다면(함陷)
어떻겠습니까. *矛盾(모순)말의 앞뒤가 서로 맞지 않음.

假令得田地, 失兄弟心, 如何. <小學>
가령假令 농토를 얻었다 하더라도, 형제의 마음을 잃는다면, 어떻
겠는가.

忠臣之事其君, 何若. <說苑>
충신이 그 임금을 섬김은(사事), 어떠해야 합니까.

取吾璧, 不予我城, 奈何. <史記>
우리의 구슬(벽璧)을 취하고, 우리에게 성을 주지(여予) 않으면,
어찌하겠는가.

☞ 목적어를 취하는 경우 그 사이에 목적어를 대신하는 대명
사 '지之'를 놓거나, 목적어를 직접 놓는다.

佳人難得, 將如之何. <花王戒>
아름다운 여인을 얻기가 어려우니, 장차 이를 어찌해야 할까.

以君之力, 曾不能損魁父之丘, 如太形王屋何. <列子>
당신의 힘으론, 그야말로(증曾) 괴보魁父의 언덕(구丘)도 딜(손損)
수 없는데, 태형산太形山과 왕옥산王屋山을 어떻게 할 것인가.

公無渡河, 公竟渡河, 墮河而死, 當奈公何. <箜篌引>

임(公公)아, 그 물을 건너지(도渡) 마오, 임은 끝내(경竟) 물을 건너셨네, 물에 빠져(타墮) 돌아가시니, 가신 임을 어찌할꼬.

⑥ 무엇인가 · 무엇 때문인가 · 누구인가.

☞ 의문대명사 '하何'가 술어로 쓰이며, 의문종결사가 생략된 경우이다.

春者何, 歲之始也. <公羊傳>

봄이란 무엇인가, 해의 시작이다.

文姜者何, 莊公之母也. <公羊傳>

문강文姜은 누구인가, 장공莊公의 어머니이다.

吾所以有天下者何, 項氏所以失天下者何. <史記>

내가 천하를 소유한 까닭(소이所以)이 무엇이며, 항씨項氏(항우項羽)가 천하를 잃은 까닭은 무엇인가.

☞ '하何'가 의문종결사와 결합하여 '하야何也 · 하재何哉'로 주로 쓴다.

人之有鬪, 何哉. <荀子>

사람이 싸움이(투鬪) 있는 것은, 어째서인가.

不死而虜囚, 身被刑戮, 何哉. <史記>

자결하지 않고 붙잡혀(노수虜囚), 몸소 형륙刑戮을 당한(피被) 것은, 무슨 까닭인가.

鄰國之民不加少, 寡人之民不加多, 何也. <孟子>

이웃(린鄰) 나라의 백성이 더 적어지지 아니하고, 과인寡人의 백성이 더 많아지지 않음은, 어째서입니까.

72. 乎(호)

① ~인가. 〈종결사/의문 · 반어〉

徐君已死, 尚誰予乎. <史記>

서徐나라 임금은 이미(이已) 죽었는데, 오히려(상尙) 누구(수誰)에게 주시려는(여予) 것입니까.

因誰之佛, 以至於此乎. <三國史記>

누구(수誰)의 속임(주佛)으로 인인하여, 이곳에 이르렀습니까.

寧赴湘流, 葬於江魚之腹中, 安能以皓皓之白,

而蒙世俗之塵埃乎. <漁父辭>

차라리(영寧) 상수湘水에 가서(부赴), 물고기 배 속에 장사葬事 지낼지언정, 어찌(안安) 희고 깨끗한 몸으로, 세속世俗의 티끌과 먼지(진애塵埃)를 뒤집어쓸(몽蒙) 수 있겠는가.

② ~구나 · ~도다. 〈종결사/감탄〉

中庸之爲德也, 其至矣乎. <論語>

중용中庸의 덕이, 지극하구나.

十目所視, 十手所指, 其嚴乎. <大學>

열 눈이 보는 바이며, 열 손가락이 가리키는(지指) 바이니, 엄嚴하도다.

反爲乞人而至, 嗟乎, 春香, 誰依誰恃. <春香傳>

도리어(반反) 걸인乞人이 되어(위爲) 돌아왔으니, 슬프도다(차호嗟乎), 춘향이여, 누구(수誰)를 의지하고(의依) 누구를 믿겠는가(시恃).

③ ~아. 〈후치사/호격〉

☞ '호乎'가 사람이나 물건을 부를 때, 부르는 말 뒤에 위치한다.

叄乎, 吾道一以貫之. <論語>

삼叄(증자曾子의 이름)아, 나의 도는 하나로써 그것을 꿰뚫었다.

龜乎, 龜乎, 出水路. <三國遺事>

거북(귀龜)아, 거북아, 수로부인水路夫人을 내놓아라.

硯乎, 硯乎, 爾麼非爾之恥. <小硯銘>

벼루(연硯)야, 벼루야, 네(이爾)가 작음(마麼)은 너의 부끄러움(치恥)이 아니다.

④ 부사격. 〈후치사/부사격〉

☞ '호乎'가 부사어 뒤에 위치하여 부사어를 강조한다.

仕非爲貧也, 而有時乎爲貧. <孟子>

벼슬함(사仕)은 가난하기 때문(위爲)은 아니지만, 때로는 가난하기 때문임이 있다.

信乎才之難悉得, 而用之亦難盡也. <惺所覆瓿藁>

정말로 인재를 모두(실悉) 얻기 어렵고, 또한 쓰는 것을 다하기가 어렵다.

正而後行, 確**乎**能其事者而已矣. <莊子>

자신을 바르게 한 후에 행하고, 확고確固하게 그 일을 할 수 있을 따름이다(이이의而已矣).

⑤ ~에 · ~에서 · ~로. 〈전치사/처소〉

☞ 전치사 '호乎'가 '처소 · 기점 · 대상 · 비교 · 피동' 등으로 쓰이는 경우, 전치사 '어於'와 쓰임이 같다.

君子戒愼**乎**其所不睹. <中庸>

군자는 그 보지(도睹) 않는 곳에서도 경계警戒하고 삼간다(신愼).

道惡**乎**隱而有眞僞, 言惡**乎**隱而有是非. <莊子>

참된 도는 어디(오惡)에 숨었기에(은隱) 진위眞僞가 있고, 참된 말은 어디에 숨었기에 시비是非가 있는가.

冠者五六人, 童子六七人, 浴**乎**沂, 風**乎**舞雩, 詠而歸. <論語>

갓(관冠)을 쓴 자 오륙 명과 동자童子 육칠 명과 기수沂水에서 목욕沐浴하고, 무우舞雩에서 바람 쐬고, 읊으며(영詠) 돌아오겠습니다. *舞雩詠歸(무우영귀)산수 자연을 즐기는 즐거움.

⑥ ~에서. 〈전치사/기점〉

學惡**乎**始, 惡**乎**終. <荀子>

배움은 어디(오惡)에서 시작하여, 어디에서 마치는가.

君子之道, 造端**乎**夫婦. <中庸>

군자의 도리는, 부부 사이에서 비롯된다(조단造端).

出**乎**爾者, 反**乎**爾者也. <孟子>

너(이爾)에게서 나온 것은, 너에게로 돌아가는(반反) 것이다.

⑦ ~에·~에게. 〈전치사/대상〉

醉翁之意不在酒, 在**乎**山水之間也. <醉翁亭記>

취옹醉翁의 뜻은 술에 있지 않고, 산수山水의 사이에 있다.

擢之**乎**賓客之中, 而立之**乎**群臣之上. <戰國策>

빈객賓客들 중에서 뽑아(탁擢), 여러 신하 위에 세웠다.

好學近**乎**知, 力行近**乎**仁, 知恥近**乎**勇. <中庸>

학문을 좋아함은 지智에 가깝고, 힘써 행함은 인仁에 가깝고, 부끄러움(치恥)을 앎은 용勇에 가깝다.

⑧ ~보다·~와. 〈전치사/비교〉

☞ '호乎'가 술어<형용사> 뒤에 위치하여 비교比較를 나타낸다.

學莫便**乎**近其人. <荀子>

배움은 사람을 가까이하는 것보다 편리便利한 것이 없다.

行莫大**乎**無過, 事莫大**乎**無悔. <荀子>

행동은 허물(과過)이 없는 것보다 더 큰 것이 없고, 일은 후회後悔가 없는 것보다 더 큰 것이 없다.

夫爲天下者, 亦奚以異**乎**牧馬者哉. <莊子>

대저 천하를 다스리는(위爲) 일이, 또한 어찌(해奚) 말을 치는(목牧) 일과 다르겠습니까.

其文典重溫雅, 有似**乎**正人君子之容貌. <子長遊贈蓋邦式>

그(사마천司馬遷)의 문장은 전중典重하고 온아溫雅하여, 올바른 사람과 군자의 모습과 같음(사似)이 있다.

⑨ ~을·~를. 〈전치사/목적격〉

☞ 전치사 '호乎'가 타동사 뒤에 위치하여 목적격으로 쓰인 경우이다.

蘇秦之楚, 三日乃得見**乎**王. <戰國策>

소진蘇秦이 초나라에 가서(지之), 삼 일 만에 비로소(내乃) 왕을 볼 수 있었다.

四海之內皆兄弟也, 君子何患**乎**無兄弟也. <論語>

사해四海의 안이 다 형제인데, 군자가 어찌 형제가 없음을 걱정하겠는가.

觀**乎**天文, 以察時變, 觀**乎**人文, 以化成天下. <易經>

천문天文(천체에 일어나는 온갖 현상)을 관찰觀察하여, 사시四時의 변화變化를 살피고(찰察), 인문人文(인류의 문화현상)을 살펴, 천하(인간 세상)를 교화敎化 육성育成한다.

⑩ ~에게 ~당하다. 〈전치사/피동〉

☞ 전치사 '호乎'가 타동사 뒤에 위치하여 타동사가 피동이 된 경우이다.

刑賞已諾, 信**乎**天下矣. <荀子>

형벌을 내리고 상을 주며 금하고(이已) 허락許諾하는 것들이, 천하 사람들에게 신임을 받았다.

216

不信乎朋友, 不獲於上矣. <中庸>

친구에게 믿음을 받지 못하면, 윗사람에게 인정받지 못한다.

入是國也, 言信乎群臣, 則留可也. <說苑>

이 나라에 들어가서, 말이 여러 신하에게 믿음을 얻으면, 머물러
도(유留) 좋다.

金 泰 洙
雅號 : 畔松 · 逸樂齋 · 市隱齋

▌약력

檀國大學校 漢文敎育科 卒業
檀國大學校 漢文學科 博士課程 修了
中東高等學校 漢文敎師 歷任
啓明大 · 同德女大 · 서울敎大 등 講師 歷任
大韓民國書藝大展 招待作家, 審査歷任
韓國書藝家協會, 韓國書藝포럼, 以書會 會員
個人展(2004. 白岳美術館)
畔松書藝 代表
檀國大學校 漢文敎育科 招聘敎授

▌저서

漢文文法
秋史流配期 漢詩硏究
金石叢話 譯
한문명구선-새김과 서예의 만남
원전과 함께하는 고사성어
매월당시 서예산책 등

▌주소 : 서울시 종로구 인사동길 9. 401호 반송서예
▌E-mail : kimbansong@hanmail.net
▌blog.naver.com/kimbansong

한문 해석의 길잡이
한자의 쓰임

초판인쇄   2023년 3월 20일
초판발행   2023년 3월 20일

지은이   김태수
펴낸이   채종준
펴낸곳   한국학술정보㈜
주 소   경기도 파주시 회동길 230(문발동)
전 화   031) 908-3181(대표)
팩 스   031) 908-3189
홈페이지   http://ebook.kstudy.com
E-mail   출판사업부 publish@kstudy.com
등 록   제일산-115호(2000. 6. 19)

ISBN   979-11-6983-228-1   93700